浙江工商大学出版社 | 杭州

文化民宿

安蓉泉 等／著

『钱塘江故事』丛书

“钱塘江故事”丛书编委会

总序

钱塘江，流淌不息的是故事

浙江省钱塘江文化研究会会长　胡　坚

钱塘江，是浙江的“母亲河”，流经浙江近50%的省域面积，世世代代滋养着浙江人民繁衍生息。

钱塘江是一条自然之江。它是浙江境内最大的河流。以北源新安江起算，全长588.73千米；以南源衢江上游马金溪起算，全长522.22千米。两岸青山叠翠、云卷云舒、村镇星罗、田野棋布。钱塘江因天下独绝的奇山异水而久负盛名、享誉古今。它哺育的美丽浙江，有看不完的风景，说不完的故事，讲不完的传奇。

钱塘江是一条梦想之江。钱江源头，一滴滴水珠汇聚成涓涓细流，形成山涧的清泉，从蜿蜒的山脉中豁然涌出，汇成溪流，聚成小河，凝成大江，涌成惊涛拍岸的钱江大潮。每一滴水都能在这个过程中，发现自己原来这么有力量。钱塘江以不息的潮汐告诉人们——只要有梦想，有方向，有凝聚力，渺小也能够构成伟大，数量就会变成力量。

钱塘江是一条精神之江。钱塘江赋予浙江人以物质财富和精神财富，浙江人赋予钱塘江以自然状态和人文形态。“天时”“地利”造就了钱塘江涌潮，“怒涛卷霜雪”“壮观天下无”。千百年来，钱塘江

“弄潮”是一种奇特的人文现象。“弄潮”之风在唐朝时兴起，宋朝时更甚。迎着滚滚而来、地覆天翻的江水，在声如雷鸣、涛如喷雪的潮水里，“弄潮儿向涛头立，手把红旗旗不湿”，气贯如虹的雄姿，给后人留下了不畏艰险、敢于拼搏、逆浪而进、力压潮头的人文精神。

钱塘江是一条艺术之江。自晋唐以来，钱塘江吸引了众多文人墨客前来游历论学。他们或探幽访胜，或宦游访友，或寄情山水，留下了无数诗篇华章，如白居易《忆江南》、柳永《望海潮·东南形胜》等名篇，令画卷上的钱塘江弥漫着浓厚的书香与笔墨气息。在这里，诞生了无数绝世篇章。同时，成就了一代宗师黄公望的山水画巅峰之作《富春山居图》，造就了“中国山水画泰斗”黄宾虹等一批画家，诗情和画意绵延古今。另外，钱塘江还成就了吴越文化和在中国人文思想史上产生过重大影响的新安文化。孔氏家族“扈跸南渡”更是推动了儒学在江南的传播，开创了儒学新风尚。

钱塘江更是一条创造时代的奇迹之江。改革开放以来，浙江人民在建设中国特色社会主义的大潮中，干在实处，走在前列，勇立潮头，在钱塘江两岸创造了一个又一个人间奇迹，也创造了新时代的灿烂文化。特别是当我们走进新时代，吹响“实施拥江发展战略，努力打造和谐宜居、富有活力、特色鲜明的现代化城市”的号角，更是让钱塘江彰显出了勇立潮头、大气开放、互通共荣的时代精神。

钱塘江文化研究会聚集的这群人，有着一种强烈的文化情怀，要为挖掘、整理、塑造、传播钱塘江的文化尽微薄之力，做出自己的贡献。

编撰“钱塘江故事”丛书是这群人的一种探索和努力。我们相信，该丛书的出版，有助于增加人们对钱塘江的了解，有助于丰富人们的文化生活，有助于增强钱塘江文化的外在影响力和文化软实力。

我们将以自己勤劳的双脚去丈量钱塘江两岸的崎岖路径，以敏锐的眼光去发现钱塘江流域散落的故事，以与众不同的思考去感悟钱塘江的文化特质，以鲜活的文字去表达钱塘江带来的无穷魅力。我们会专注那些有情感的故事，有品位的故事，有启迪的故事，有历史的故事，有回味的故事，让读者在阅读中体会钱塘江的好，钱塘江的美，钱塘江的厚重与钱塘江的温度。

“钱塘江故事”丛书将高度关注钱塘江流域村落的古往与今来，关注非物质文化遗产的传承与活化，关注历史艺术与当代艺术的生命与发展，关注民间风俗和风土人情的变迁与时尚，关注旅游和文化的融合与共生，关注每一个值得关注的历史细节与文化符号。丛书在讲究思想性、学术性、艺术性的同时，突出实用性、服务性、可读性，希望能成为爱好者的口袋书、旅游者的携带书、管理者的参考书。

我们带着朝圣般的虔诚，带着颤抖的灵魂，带着历史的使命做这样一件有意义的事。

虽然道路遥远，但我们已经起步。

是为序。

目录

名称带来的烦恼

某年春分时节，我陪家人到嘉兴一乡村民宿过周末。小小客栈也就六个标准间，庭院鲜花遍地，客房干净整洁，男主人看上去五十来岁，慈眉善目，和和气气。

晚饭后从乡间小路散步回来，没进院门，一阵吵闹声传来。走进门厅，有人操着一口浓郁的上海腔在厉声责问：

“侬为啥道理次所干（厕所间）里相（里面）伐（勿）摆沐浴露，房干（房间）里相哪能没一次性拖哈（拖鞋）？”

进了门厅，只见民宿男主人被抢白得脸一阵红一阵白，吭哧了半天，嗑嗑巴巴终于回出了一句话：

“我阁得（这里）是民宿，否是酒抵（酒店），好伐？”

上海客人不依不饶：“沐浴露绑（和）一次性拖哈，阁些么丝该有呃木有（这些该有的没有），不该有阁倒来嗨，夜里相（晚上）房干里有闷子（蚊子）。侬阁能是来嗨糊弄阿拉（我们）消费者，老早晓得条件阁能个差，阿拉为啥缶痴（不住）来嗨城里相酒抵，到侬阁得噶（这么）不便当的农村？”

两人还在“理论”，我想起不久前才发生的一件事——

丽水仙都：民宿人喜爱的好山水

半年前四川亲戚到杭州旅游，表弟媳妇说要住杭州的民宿，表弟开始不同意，后来看夫人闷闷不乐，只好在网上找了间离我家不远，位于杭州西郊留下附近的民宿。谁知第二天两口子又搬回我家来了。我问怎么回事，表弟媳妇抱怨说："住民宿就要看得到山水风景，那家民宿和城里的普通小宾馆没得啥子区别，附近闹麻（太热闹）喽，简直就是'挂羊头卖狗肉'，我哪个还要住嘛？"

我一边解释城市化使近郊已没了多少乡村景色，杭州留下早已是车水马龙的繁华城镇；一边在想：为什么要把城里的小客栈也叫"民宿"？这不是给人"添乱添堵"吗？

同一个"民宿"的称呼，有人嫌弃它和酒店比档次太低，有人抱怨它缺少田园风光。简单两个字，其实不简单。

有人说中国人的思维方式是不看重"真不真"，只关心"善不善"，就是说对事物的真实身份和确切内容，我们的同胞不太较真，不善实证，却喜欢跳过"真不真"的问题，对事物"好不好""善不善"做出道德判断。这种思维方式，在对"民宿"的抱怨中，也可见一斑。

在媒体上看到，浙江工业大学旅游学院院长梁雪松帮助浙江省起草《民宿业服务等级划分与评定规范》后说：“耗时最长的地方，就是为民宿下定义，民宿姓‘民’，与标准酒店有天然的区别……”

天然区别？怎么理解？看来关注一下民宿的定义和内涵，对民宿业主、游客和研究者来说，并不多余。

一、五花八门的“说法”

“民宿”是个外来词。历史遗存和文化背景不同，经济基础和人口密度相异，就算“民宿”一词借用进来了，但就像一位帅小伙儿从国外娶回一位金发碧眼的洋妞儿，邻居、朋友们的“解读”可能五花八门。

梳理如今人们对民宿的各种“强调”，大体有以下几种：

用“出生地”做解释（来源定义），把民宿描述成以传统产业盛行、具有观光资源的乡间地区为特征，主要在农居房内开办的小旅馆、农家乐等的“提升版”。如魏小安（中国旅游研究院学术委员会主任）

说：“民宿是非标准住宿，是自成一体的，特点是乡村的家，设施舒服，环境适宜，有好的场景等，‘民宿姓民’，‘民宿在乡’。”

按“体重”分高低（规模定义），把民宿看成一种私人经营的小型家庭旅馆，单体规模较小，房间不如商务旅馆多，清扫、订房、接待客人等，主要由民宿主人及其家人负责。一栋“民宿”如果有几十间客房，那是乡村大酒店而不是民宿了。国家旅游局2017年颁布的《旅游民宿基本要求与评价》提出，民宿是“利用当地闲置资源，民宿主人参与接待，为游客提供体验当地自然、文化与生产生活方式的小型住宿设施”，“单幢建筑客房数量应不超过14间（套）”。

用“温情”做标准（家庭定义），就是把民宿和英美的“Bed & Breakfast”（简称B&B）做比较，认为民宿是提供住宿和免费早餐的家庭旅馆。如日本旅游专家德村志成提出，民宿更应该是让客人回到温馨的家，应该发挥特性，展现个性，体现温性。民宿最大的特点是有人文感受，有主人温情，民宿主人和游客贴心交流，让客人有一种心灵归宿感，这是民宿的魅力和特征。如果客人找不到主人，只能和服务员或“管家”见面，可以叫客栈但不能叫民宿了。

以生态做核心（环境定义），强调民宿远离都市区，是建在环境优美之处，怡悦人心的田园旅社。全法旅游联合会高级顾问菲利普·克利萨诺（Philippe Krisanow）提出，民宿建在没有污染、没有干扰的干净环境中，可以是小的楼房或者农村的小房子，要匹配周围的交通设施，不能有铁路或养殖业的影响。

人们对民宿“偏爱”的地方不同，脑子里的民宿，自然就各有各的“形象”了。

二、不同理解招来的烦恼

当对“民宿”的不同解释（理解）和现实生活相遇时，经常会“擦枪走火”。

比如，民宿定义和民宿扶持政策“话不投机”。按照国家旅游局2017年8月颁布的《旅游民宿基本要求与评价》的说法，民宿是“利用当地闲置资源，民宿主人参与接待，为游客提供体验当地自然、文化与生产生活方式的小型住宿设施。根据所处地域的不同可分为：城镇民宿和乡村民宿”。这里和学术界强调的民宿在“民”、民宿在“乡”不同还不要紧，但当省、市、县政府几乎都把民宿归口为农办管理时，实际上是把民宿视为农民致富、乡村振兴的一种依托了。这种安排虽然具有合理性，但也有着民宿发展的隐患：本来主体就是“农家乐”出身的乡村民宿，如果还是农办“熟门熟路”引导，乡村民宿业主们朴素、原生态的待客方式，面对乡村旅游带来的“城里人”客源，面对适应乡村旅游对旅游线路开发、旅游客源引导、旅游产品开发、民宿品质提升等的市场呼唤，农办还不够“专业”，各级商旅部门却又不便多“插手”。再说了，民宿定义把民宿外延概括成包含城镇民宿和乡村民宿两种，城市民宿经营、税务、消防、卫生等证件分属多个部门管理，不到一定规模和档次（达到三星级标准市级旅游部门才将其纳入管理范围），旅游部门不便“插手”；乡村民宿则由各级农办主抓，有各类补贴、培训、奖励资金跟进。城镇民宿和乡村民宿没有一个统一的管理主体，也带来了管理主体、政策实施上的一些难题。

再如，城镇客栈缺乏生态背景，有点“名不副实”。国标民宿之金宿要求“周围应有优质的自然生态环境，或有多处体验方便、特色鲜明

在绍兴新昌下岩贝村“好客山庄”，远眺“穿岩十九峰”和山下民宿

的地方风物”，银宿要求“周围应有较好的自然生态环境，或有多处方便体验的地方风物”，生态环境是民宿吸引游客的外在标志，也是有别于普通宾馆、客栈的基本特征。这个说法和2017年版《旅游民宿基本要求与评价》同时认为存在“城镇民宿和乡村民宿”的外延虽有歧义，还止于“书面”，毕竟城市星级宾馆房价高、从大都市到乡间民宿路途远、一些城市住宿设施不足等，给城镇小型旅馆腾出了发展空间。只是，这类旅馆被定义成“城镇民宿”后，由于缺乏民宿田园生态的标志性环境，行业主管部门农办的扶持及监管又与其无涉，尴尬地“落单”在了中间地带。

又如，民宿“小型”定义与民宿抱团趋势“虚实分离”。国标民宿之“宿”，强调单体规模为“小型旅游住宿设施”，“单幢建筑客房数量应不超过 14 间（套）”。这个定义好理解，“小型”定义源于

利用自持物业，有利于营造民宿“家的感觉”。但“小型”很快有了“揽客”和“协作”的需求。为了抱团取暖，不少农家民宿或通过村里“民宿大户”牵头，或由村合作社组织，或成立乡村旅游公司，开始走上组织协作、适当分工、连锁经营和资源共享的路子。很多民宿还通过木鸟短租、小猪短租、蚂蚁短租、途家、爱彼迎等在线租赁平台，寻求广泛顾客和调剂客源。抱团发展、资源共享直至利益分享，和“小型住宿设施”的定义构成某种反差。

还如，投资压力使民宿“温情”受到“挤压”。作为私人经营的小型家庭旅馆，民宿本该是保留乡土特征、传递主人温情的基本场所。可随着市场需求的扩大和投资商家的涌入，民宿租赁成本在竞争中节节攀升，装修档次在攀比中节节拔高，投资人回收资本的压力增大了。原先轻松迎客、开心经营的田园主人，内心被沉重的资金压力侵占。钱塘江流域投资客租赁经营的乡间民宿，价格普遍达到每晚五百元以上，两三千元一晚的房价也不少见，价格超出城里的五星级酒店；这还不算，不少投资客至今仍在希望通过争取土地指标、增加房间数量的方式，进一步扩大财源，完全不考虑房间太多必然出现“主人”难觅、“家”的氛围无着的问题。这使得民宿本应有的留客“温情”，因为房价这把“杀猪刀”，因为房间多顾不过来，而消失殆尽。

其实，乡村精品民宿还面临着乡土味淡和客源稀少的双重尴尬局面。民宿如果不是宾馆，能不能像对宾馆一样对其附加过多功能？值不值得持续对其增加过高投入？这关系到民宿的定义和对民宿扶持的方向。原来一年几万元的租金猛涨到几十万元，改造费用也跟着水涨船高，如今依然有很多人挤进来投资经营，高度竞争必然带来利润分流、盈利下降；加上淡旺季差异较大，民宿入住率冷热不一，这使得单体精品民宿维持经营已经很难。一些名声在外的民宿一房难订，预订排满了日程，但大部分精品民宿的入住率已今不如昔。不少精品民宿总体价位偏高，不适合大众消费，又因失去了原汁原味的乡土风情，市场也不看好。而精品民宿多为文化人投资经营，有着比普通农民更多的资金、理念、人脉和经营上的优势，因此又出现了政府扶持资金偏向外来投资客、精品民宿在民宿星级评比方面捷足先登、大众民宿业主抱怨不公平的情况。

另外，对民宿理解和宾馆诉求错位，也经常引发纠纷。传统农居简单改造装修后而成的大众民宿，一般只有一些基本的住宿设施，投入成本低，因而价格才能相对“亲民”。在城里人对入住民宿热情渐高的背景下，一些人对民宿内涵并无准确理解，民宿业主事先又不善于和游客沟通说明，打打“预防针”，加上有的商家为招揽游客故意偷换概念，民宿和酒店在实际生活中的理解错位，就在所难免了。有的人把酒店当作民宿住进去，抱怨周围环境缺乏田园风光，服务员不是本地人，对乡土文化“一问三不知”，菜肴缺乏当地特色；另一些人又把民宿当成宾馆住进去，抱怨设施不配套、蚊虫乱咬人、交通不方便、农家菜不好吃……平添了一些误会和纠纷。

还有，对民宿的管理主体差异和名称的“城乡通用”，带来了民宿数据拿不到、行业边界说不清的问题。杭州、湖州、嘉兴、绍兴、丽水等地旅游部门在联系民宿，了解相关经营情况和数据时，都不同程度地遇到了得不到乡村民宿业主回应的情况（他们习惯了农办管理），甚至

上图：金华兰溪诸葛八卦村民宿
下图：杭州临安“月亮工坊”的山间民宿

闹出了被反问“你们是不是骗子”的笑话。民宿搭上乡村发展、农民致富等政策扶持快车，加之门槛相对较低和市场容易进入，在出现投资热情高、产品类型多、理解差异大的同时，多元定义、差异理解和分头管理等，加剧了民宿口径难统一、数据难采集和政策扶持走向不甚清晰的问题。政策的关注点，出现了对景区高档酒店、乡村大众民宿、外来投资精品客栈不同程度的摇摆。

说来说去，怎样定义民宿，不仅是个涉及内涵理解的文本概念问题，也是个关系引导方式、政策走向、资金扶持和大众话语系统等的现实操作问题。定义要不要再推敲和限定呢？

三、核心问题和几个观点

民宿定义的内在矛盾，表面看是民宿“理论文化”建设层面的内容，但它给民宿管理、民宿扶持和发展带来的冲突，却是每个民宿利益相关人应该关注的。这种冲突，集中表现为以下几个方面：

既想把民宿作为农民致富的有效载体，又对“招商引资”“档次较高”的外来投资人青睐有加，这难免在资金投放、评奖评优时，出现对“精品民宿”和“大众民宿”在政策上的厚此薄彼，虽然这在发展阶段上有某种合理性。

既想强调民宿在“民”，又想通过引导和管理提高民宿的“标准化”程度，这使得大众民宿业主对政策规定难以适应，政府管理手段和效果出现某种背离。

既强调民宿的“生态环境”标配，又把民宿分为“乡村民宿和城镇民宿”，造成民宿管理主体和民宿分布范围脱节。

宁波宁海桑洲镇民宿采摘

既想通过民宿让农民增加收入，又在扶持“靓丽”“高档”的精品民宿，无形中助推了乡村民宿的市场冲动和资金投放。

总之，在鼓励民宿发展的同时，人们对“民宿”概念本身和对乱用“民宿”概念的现象，还缺乏清晰梳理和规范引导。“民宿”概念的使用，存在政府与民间、政策与实践、部门与部门之间理解上的差异。迄今为止，文本上把城乡不同类型、乡村不同档次的小型客栈统称为“民宿”，这本身已难圆其说；而在生活中，钱塘江流域大多数乡村只把投资客建在乡村的高档精品酒店叫作民宿，农户开的家庭旅馆依然被称为“农家乐”，一些旅游部门则把“四证不全”的乡村客栈排除在民宿范围外，这使得民宿这个新事物的形象更加让人捉摸不定。

中国乡村的体量以及发展民宿的土壤，与中国台湾地区，日本及其他国家与地区相比，有很多不同之处。幅员辽阔、人口众多、民间旅游休闲动力大和中国人勤劳致富的传统，为中国大陆民间客栈发展势头猛、投资冲动大、创新能力强和模式多样化提供了可能。好好珍惜这样的民间发展动力，结合实际完善中国民宿的基本定义，是民宿文化提升、民宿产业发展的需要。

解决“民宿”定义和现实生活的矛盾，要把境外经验和大陆特点、理想目标和发展阶段平衡好，立体化地分析现阶段纳入“民宿定义”的内涵与外延，协调好民间相似住宿实体发展的政策边界和概念包容问题。可以确立“需求出发、城乡并举、缩小内涵、限定外延、严格定义、分类管理”的原则，对民宿定义做出适当修正。

“民宿”概念适当缩小。明确限定在“大众民宿”（包括乡村和城市自持物业的民宿）范围，以求民宿发展主体是“土著”居民，定位是投资压力不大的大众消费场所。

民宿业主严格定义。必须由自持物业业主（购买房屋后自营者也在此列，租赁者建议排除在“民宿”之外）当家或参与管理，以求民宿发展建立在业主土生土长、建筑原汁原味、饭菜自家自烧、风格本土本源、服务家人或本地人的基础之上，使住进民宿的客人真正方便融入当地生活，体验到不一样的游历环境和风俗，从而保证民宿具备有别于城乡一般客栈的鲜明特点和独特优势。

民宿规模“宽”“严”相济。将民宿连锁经营、抱团发展形式纳入民宿定义之中。即单体民宿规模维持原来对总客房数、单体建筑客房数、单体建筑面积等的限制标准，以保持民宿姓“民”、规模较小的基本特征，同时植入单体民宿互相合作成较大规模联合经营的定义空间，对民宿发展中形成的实体群、网络群、大数据、平台化和移动终端等聚集的新方式，以及民宿联盟或协会等组织化的新模式等给予认同，赋予民宿定义以一定的弹性和未来发展空间。

外来资本租赁乡村、城市房屋兴办的服务游客住宿的实体，如不具备自持物业、主持（或参与）经营、大众民宿（价位较低）三个基本特征的，改称“乡村客栈”“乡村旅馆”和“城市客栈”“城市酒店”为好。这类客栈或酒店的市场行为，不应再得到政府扶持民宿、乡村振兴相关资金的支持，同时也不应再受政府关于民宿规模、房间数量等的政策条例限制。至于政府部门关注这类客栈、酒店对于大众民宿的“引导作用”，不戴民宿“帽子”后，其精品理念和经营思路照样可以发挥引领作用，也可以采取另外的竞赛、评奖方式给予激励。问题的关键在于，定义和名称做出区别，扶持政策另行考虑，有利于不同类型主体根据自身特点更好地发挥特色、作用和享受不同政策优惠。

民宿的概念说了那么多，核心内涵其实就是以下“金三条”：

民宿在“乡”。乡村有乡愁，才有城里人向往和稀罕的田园风光、乡风乡俗。

民宿在“民”。普罗大众没有太多资金，“亲自”接待和下厨，游客才有和主人面对面的机会，才有可能营造出家的氛围。

民宿在“小”。民宿不能大，2017年版《旅游民宿基本要求与评价》将其定位在单幢建筑不超过十四个房间，规定了上限。再大，主人就不见了，甚至管家也会变得匆匆忙忙，顾不得聊天，聊也聊不出主人的味道。民宿“小”了，才能异于酒店。小有小的味道。

有了上面这三条，民宿档次高、中、低无妨，市场自会选择；主人老、中、青均可，经历不同，各有优长；风格中、西、合都好，萝卜青

嘉兴乌镇水乡民宿夜色

菜，各有所爱。

三条中少了任何一条，民宿都会变味。城市小客栈没了户外广阔天地，客栈小经理缺了乡村主人的热络，游客就不会有“住在民宿”的感觉。投资客在乡间租赁经营参与接客多有其文化优势，但如果过分扩大规模和提高价格，什么“乡愁情怀”，啥子“家的感觉”，怕就顾不上那么多了。

四、给民宿配上“新说明”

民宿定义值得完善，建议表述为：

民宿是指在乡村和城市中，由自持物业业主利用自用住宅空闲房间，结合当地人文地理、自然景观和生态环境资源，提供旅客乡野生活或城市观光的住宿处所。民宿有别于客栈、旅馆或酒店的特质，在于其规模较小（不超过十四个房间）、自行经营和主客通畅交流等，能让客人直接体验当地风情，接受主人的热情服务。民宿发展中通过网络平台、民宿协会等出现的组织化规模化趋势，是以单体民宿独立运作和个性化服务为基本前提的。

这样定义民宿的好处在于：

一是可以破解目前自持物业与租赁房客、城乡业主与外来客商都以“民宿业主”身份出现的角色混淆，以及由此诱发的体量差异太大、主客沟通不畅、政策扶持不均等一系列难题。

二是可以相应凸显大众民宿发展中存在的设备简陋、服务不规范、乡村体验不足、文化提升不够等问题，推动改变“虽然政策重点应是扶持大众民宿，但业绩亮点主要在宣扬精品民宿，大众民宿存在的不足被掩盖和扶持力度被削弱”这一现象，把政府政策扶持和引导的重点从更多青睐精品民宿转为向更为草根的大众民宿和普通业主倾斜，探索出一条在民宿发展中“补好短板”进而实现城乡“共同富裕”的发展之路。

三是可以在使政策扶持导向更加清晰的同时，停止政府“补贴”“奖励”行为对市场信号的干扰，促进投资客更为谨慎地考虑城乡客栈的投资行为，放弃为了争取扶持资金、降低投资成本而“大胆”投资的盲目行为，让市场更为理性地配置城乡客栈与酒店的资源。

四是可以对民宿酒店业的管理政策做出适当分类。从民宿新定义出发，政府对民宿和客栈、酒店业的宏观管理，可以根据其发生机理、资金实力、惠民程度以及管理水准等条件差异，进行管理上哪些很有必要、哪些值得引导、哪些可以适度放开等分类分层的政策区别。在这个意义上，国家旅游局2017年颁布的《旅游民宿基本要求与评价》中关于证照、 食品、卫生、房屋安全、治安消防、废弃物排放及投诉处理等方面的内容，以及“建筑和装修宜内外协调、工艺良好”“宜设置交通工具停放场地，且不影响周边居民生活”等内容，完全可以作为对所有大众民宿引导和监管的基本法律法规依据，值得尊崇和逐步落实。但其关于“客房宜提供较为舒适的床垫、布草、毛巾和客用品……提供二种以上规格枕头”“客房卫生间……宜使用品牌卫浴”等（这还只是“银宿”标准），作为评星级、高品位的酒店引领标准可以，作为同时用于乡村大众民宿的引导标准，显然脱离了目前和今后一段时期普通民宿发展的实际可能，因此失去了“引导”意义，值得重新论证。

五是让源于草根阶层、发展时间不长的民宿，摆脱与实力投资客“精品民宿”一起拼投资、评等级、讲文化的尴尬，保证其在证照审批、费用税赋、销售宣传上不同于酒店行业管理的成本优势、微利优势、政策鼓励和“乡村气息”。

最后我想说，如果民宿能够限定在自持物业、家庭经营（管理者即所有者）、规模较小、主客交流的特色上，民宿就基本定位在了住宿为主、重视体验的“家庭旅馆”范畴了，这不仅能使民宿“民”的特色清晰并得到落实，避免一些社会和政策问题，也有利于实现国内外学者推崇的价位亲民、连接乡村旅游、体验当地风情、低碳方式经营和增加农户收入等发展民宿的初衷。

民宿人的文化觉醒

走访民宿业主，发现外来投资民宿的业主中，有不少“高人”。

他们不如当地村民谙熟乡情，却把民宿装扮得精巧雅致，打理得妥妥帖帖，经营得温情脉脉。他们的民宿多被称作“精品民宿”，价格不菲却顾客盈门。用文化提升和营销民宿，用“精品”带动农家发展，是乡村振兴的一种新景象。

也许因为外来投资民宿的带动，也许因为有了更好教育背景的孩子们的参与，而今一些农家自办的民宿，从院外景观到室内装潢，从住宿餐食到户外活动，从来宾服务到客走联络，也开始讲究美观、舒适、礼仪和情感，产生出许多既淳朴又新潮的诱人之处。

民宿的魅力，蕴含于山水之间，隐藏于主人之侧，体现于野趣之中。民宿，寄托着人们对乡村好山好水、美景美食、民风民俗的感受，承载着现代人对田园牧歌式生活的憧憬，透露出城里人久居闹市需要宣泄的真实心绪，展示着现代文明可由传统文化调节的“历史辩证法”。

乡村民宿发源于原来的“农家乐”。乡村旅游的升级，对原来的农家乐提出了数量和品质的新期待。能与山水、风土人情做伴，能体验农耕，能采购农产品，民宿经济带动着乡村旅游，乡村旅游孕育着民宿经济。民宿服务业是“三产”，农产品加工是“二产”，农家为游客提供的采摘产品是“一产”，乡村振兴提出的“一二三产融合”的产业振兴之路，还真可以让“绿水青山”成为“金山银山”。

浙江素有山水江南、鱼米之乡、丝绸之府、文明曙光的美誉。先人遗存的丰厚文化土壤和自然景观，近年来“美丽乡村”行动计划的实施，使得民宿在拥有古镇、古村、古街和古已有之的自然山水优势的同时，又拥有了“生产发展、生活宽裕、乡风文明、村容整洁、管理民主”的现代文明新起点。

一、乡村民宿的几个“文化现象”

游走在钱塘江流域的民宿之中，给我印象最深的，是如今乡村民宿的几个“文化现象”。

高人巧做

浙江省评出的首批六家白金级民宿，其六位主人曾是企业高管、高校教授、艺术家、设计师和白领丽人。他们或带着故土眷恋和家乡情结，或怀揣田园温梦和山水情怀，把城里人寻求心灵休憩港湾的渴望，与古朴、久远的乡村遗存糅合，打造出一个个富含乡情人性的温馨家园，树立起农桑体验和乡村文化的一面面民宿的大旗。

“夕霞小筑”，是对西湖边一幢风吹雨打老建筑的历史回忆；“龙观禅那”，兼备海港风情和水乡民居韵味；“墟里”，留你在楠溪江畔祖辈老屋前做一日农人；“隐西39”，是莫干山连天竹海与时尚元素的现代结合体；“昱栈”，是位于诸葛八卦村，既有古意，又有主人温情的百年大宅……

在杭州青芝坞“蓝莲花开”的盛名之下，十年里在钱塘江流域开出十三家系列民宿的段金虎，会为每个房间起一个温馨美名，为每个房间写一首小诗，刻在木板上，挂在门边。每家店开业前，他还会花上些时间为新店挑书，手写推荐理由。“蓝莲花开”的主人坚持，民宿就要“小店、小资、小众”，因此他所经营的民宿，每家大都不超过十五个房间，配一位清洁阿姨、一位前台、一位管家。三人成众，显然只是“小众”，传递一种舒适恬淡的生活态度，营造一种温馨和暖的家庭氛围。“小而美的民宿，其实做的是一种躲起来的文化。”主人段金虎这样说。他还说：“一年里，主人至少要有两百天时间待在民宿里，了解入住者的需求。”

不少业主在给房间起名时费尽了心思，也有信手拈来却让人难忘的。杭州临安相见村“雨说拾涧”的业主是台湾人，他给十间客房起的名字是台湾高雄市中心十条平行的路名：一心、二圣（孔子、孟子）、三多（福、禄、寿）、四维（礼、义、廉、耻）、五福（长寿、富贵、康宁、好德、善终）、六合（子与丑、寅与亥、卯与戌等十二地支的关系）、七贤（大乘佛教中七种修行阶段或取自竹林七贤）、八德（忠、孝、仁、爱、信、义、和、平）、九如（祝寿之辞）、十全（完美无缺）。这样的名字，读之上口，思之上心，念之动情。

莫干山“后坞生活”的业主谷田老师，是位心灵手巧的女主人，“我家的客人都有一张手工坊体验券，拿着体验券，可以免费做一次手工作品。如果还有兴趣做，付点原料费可以继续做下去。我的小黑板上每天都有通知，比如上午九点，小朋友画画；十点，放电影、爬山；下午两点，包糯米团子……”同在莫干山的“三秋美宿”业主鲍洪权，两

湖州莫干山“后坞生活”民宿女主人谷田的手工坊

年里跑遍全国，拜访了两百多位艺术大师，请陈佩秋、刘江、吴山明、何水法、何东君等近百位艺术名家为“三秋美宿”题写了“一日不见三秋盼兮”的主题书法条幅，然后把书法作品在“三秋美宿”的竹林深处展出；他还请来摄影师，在七百多天时间里，记录下莫干山阴晴雨雪、角角落落的美丽瞬间……

绍兴新昌“若耶山居”总经理吴桥谊坦诚相告：“我们的营销手段比较单一，主要靠口碑，口碑最靠得住。口碑带来的客源，比携程等平台还多。一般客栈的早餐就是馒头、稀饭、玉米、牛奶，没有多少选择。我们自助餐非常丰富，南北方口味、中餐西点都有……我们十五套客房配了十一个人，服务要贴心到位。每位客人走时都有伴手礼，六个小鸡蛋，还有霉干菜、霉豆腐，都是本地特产，不值钱也不掉价；两瓶矿泉水是一瓶常温，一瓶冰镇。客人们进来就喜欢‘咔嚓咔嚓’地拍照。万能的朋友圈，煽情的赞美词，加上那些美照，给我们带来很多新客人。”

农家学做

过去的农家乐，就一个字——吃。主人忙前忙后伺候着“吃”，客人吃完抹嘴走人，主客“两清”。如今一些农家自持物业的业主，多少认识到了要让客人这次住下来，下次还愿来，事情比只是“撮一顿”要麻烦得多。

农家人没有外来投资者的实力，也不会“半天云里拍巴掌——空响（想）”，但他们也有自己的高招。比如，请村里的老婆婆来店里免费教客人们做绢纱花；再如，请当地美食达人来小院里做一顿具有地道风味的早餐；又如，采集当地的野茶作为伴手礼送给住店客人；还如，在每年夏季收集当地消暑配方供客人免费体验；更如，每天客人吃到的餐食不重样，头天早上吃的是红薯粥加麦饼，第二天可能就变成汤团和霉干菜馅的包子……

在绍兴长诏水库旁的“三间半艺舍”，业主陈惠青借着地势，在门前摆出色彩缤纷、琳琅满目的各色花草，芬芳馥郁，让人兴奋。

桐庐芦茨湾“绿芦驿”主人赵丁丁，通过春天挖春笋、清明剪艾青、中秋做月饼、十月摘瓜果，日常微信联络、生日电话问候等方式，保持着和回头客的密切联系。

临安指南村有几十棵百年乃至千年大树，村里在每棵银杏树、枫香树周围放上有着树龄、生物特征、树脂功能等信息的精巧标识，营造一种生态民宿的环境。

临安月亮桥村借着山村秀美的优势，连续举办了几届摄影大赛，为村里民宿聚集了一批国际国内摄影爱好者，给月亮桥村打造知名摄影基地奠定了基础。

景宁“如隐·小佐居”业主吕建科为全县两百多位民宿业主传授提升民宿品质的经验，大到房间整体设计，小到用哪种窗帘、用什么材质的毛巾等。

富阳“梅娟休闲农庄”的女主人对我说：“客人吃饭我都要敬酒的。现在认了三个上海老爸、五个上海老妈，每周打个电话问候他们，给他们的微信朋友圈点赞。告诉他们茶叶、樱桃有了，又可以来摘了。”梅娟还告诉我：“到安吉一带去看了人家的客栈，回来就学。院墙也用石头砌起来。他们用蓑衣、犁具、碾盘和其他老东西装饰房间，我们也在学。”

尽管模仿难免会让景观有点“撞脸”，尽管花、树还不是文化的核心，但文化的觉醒，首先从可视可感的环境营造起步，也挺好，适合现阶段农户的接受习惯，也满足了多数游客的审美需求。

互动互学

一些自持物业的农家，开始是因政府号召或邻家在做民宿，才在自家小楼分出几个房间，添置一点设备，办好报批手续，开始做民宿迎客。很快，一些精明的主人发现：后村张家微信朋友圈里，老在晒最近可以采摘新鲜瓜果的信息；邻家小女的大客厅突然“蓬荜生辉”，她把县里摄影师拍摄本村风光获得全国摄影大奖的作品，挂在了“上旺头”；隔壁老王家里重新装修了，就六七个房间还搞得每个房间颜色、家具、名称都不一样，墙上、院里多出了些几十年前用过的蓑衣、斗笠和农具，说这是一种“风格”；有的主人开始用客人赠送的小物品装点

湖州莫干山“竹原居”的房间里摆满了饭篮、稻谷桶、谷筛子等老物件

“门面”，让民宿里的每件物品都拥有自己的故事；有的主人开始就地取材，去山里找一截老木桩，刷点清漆，就成了门店招牌，挖一把山中苔藓、路边碎石，放进木盒或瓷罐里，就成了盆景。反正，自家民宿装修花费不多，乡村味道还足。怎么弄得再“好看”一点，成了农家乐民宿业主的心事。

和农家乐民宿业主交流，时时能感受到他们那种跃跃欲试的积极心态。看到隔壁、邻村民宿生意火爆，已经“下海”的民宿主人们坐不住了，土生土长的民宿人开始“走出去”，参加各级农办举办的免费培训，借着出门旅游的机会，居然远行江苏、云南甚至台湾等地学习取经，拉高自己的眼光和品位。一些村民会一手提着鸡蛋和茶叶，一手拿着图纸来找精品民宿的业主请教；一些农户还会照着精品民宿“依样画葫芦”，尽管是“山寨版”，也比原来的农居房上了一个档次。

客居乡村或回归乡里的民宿人，也在努力“融进来”，把自己“交”给村里，多和当地人接触，多和乡亲们唠嗑，询问“老底子”的事情。他们尽量多用村里人在店里帮工，农家业主请教问题尽量有问必答，提醒游客不要随意采摘农家地里的蔬菜……他们这样做，都是想把一身本领和满腔情怀，试着落地在民风民俗和乡土乡音之中。

杭州临安“僻地寒楼”女主人张雁，是在上海打拼十多年的成功女性，眼看妈妈年纪渐大，才回到柳溪江畔的家中老宅。她告诉我，边干边学经营民宿的一个深切体会是“文化和主人有关”，她说：“营造民宿的乡土文化，我老妈是一块宝。为什么有的客人喜欢再来？因为有老妈。老妈在，才像个大家庭，老妈的厨艺很多人喜欢，家常菜可口，她现在也能做比萨饼等外餐。老妈讲家规，吃饭不能浪费。客人和她熟了，也和我妈撒娇……”她还有个经验：“好的民宿，还是要聊。不仅我们说，而且要让客人讲自己的故事。很多人有故事，他们的创业、经历、情感，都是故事。”

循序升华

和民宿业主聊天发现，一些投资人最初的想法很简单，山里有栋属于自己的房子，周末可以从城里钢筋水泥中逃出来度度假，能呼朋唤友一起到山中小聚，此生足矣。

随着民宿变成一门“生意”，越来越多的人不得不将更多的时间和精力投入其中。怎样吸引客源？如何提高自家民宿的品位？为什么有的店家生意红火、回头客很多？这些成为一些主人开始认真琢磨的问题。

杭州临安“僻地寒楼”民宿冬日的清晨，雾锁寒楼，女主人父亲生前于1982年栽下的青梅树，如今已树大根深

经过一些时间的摸索，有些主人的理念已经非常贴心了。订餐多是“量身定做”的，是野生多点，是鱼虾为主，还是绿色蔬菜打底，都是事先和来客协商的。注意观察满足客人的不同喜好，爬山、骑行、戏水等野外活动适合年轻人；年龄稍长的游客对谈天说地更感兴趣；有的人喜欢安静，就让他们独自发呆，不要去惊扰；新鲜蔬菜上海人最爱，不是客房里两瓶矿泉水能替代的。食品安全、消防安全已是基本要求。这些主人还建立了急救预案，老人临时不适、年轻人爬山心脏出问题，都要有解决预案……

杭州桐庐“绿芦驿”业主赵丁丁说：“我们的订餐多是量身定做的。客人喜欢野生的、鱼虾类的，还是绿色蔬菜等，都要事先征求客人意见。户外活动也多根据客人要求定制，是去严子陵钓台，还是桐君山，或者马岭古道，或是天目溪漂流，我们都安排车接车送。客人还可

湖州安吉大溪村“云端溪谷”民宿

以一起去码头体验卖鱼的快乐。”

杭州临安“相见茶舍”业主张育铭告诉我：“棋牌室、麻将桌、卡拉OK我们都不弄，声音大，影响客人休息。为了吸引客人，我们的体验活动几乎每个月都有：3月挖笋，4月采茶，搞炒茶比赛和茶评会，请来农林大学专家当评委；7月举办音乐节，每场五万块，演出十场就是五十万的花费；7月和8月客人多，我们会组织赏萤火虫、捉小螃蟹活动，城里人来了惊叫连连。环境好才有萤火虫、青蛙和小螃蟹，这就是孩子们的自然学堂呀！冬季打麻糍、打年糕，过年有黄牛宴、杀猪宴等民俗活动……”

莫干山“缦田”民宿业主徐萍对我说：“我们有专人负责种水稻，不施化肥，专供客人享用，还留了一块地给客人秋天体验收割，配了老式的脚踏水稻收割机。挖笋、采茶、摘樱桃、摘桃子、摘葡萄、摘猕猴桃，一直到10月份采摘活动才结束，还有编竹制品、做竹筒饭、包青菜团子、包米粿……让客人有很多选择和乐趣。”

如今走进钱塘江流域的民宿之中，一些寻常可见的细节，能让人感受到主人的待客温情：墙上醒目位置贴一张有设计感的Wi-Fi密码标识图，桌上台灯底座随手处有一根方便充电的数据线，大厅里留一面游客留言用的旅行随感或故事记录墙，房间里自然摆放着一摞摞介绍地方风俗的书籍，还有窗外水车、石磨、古井、棚架等乡土庭院景观，花坛式、篱棚式、移动式栽培的各色果蔬环境，本色原木或柳条制作的桌椅，山中来客“自然风”的树桩桌子，碎石铺装蜿蜒伸向远方的小径，等等，精心营造着远离城市喧嚣的乡村休闲生活环境。

引导公益

钱塘江流域民宿的自我生存、自我发展能力，因为有市场压力和利益驱动，无须政府操心。引导起步时间不长、综合能力渐强的民宿重视公共服务和公益事业，倒是一桩好事。

浙江省旅游局开中国先河，在“精品民宿等级评定”指标中，除了提出民宿“环境洁化、绿化美化”和“场地设置不影响周边居民生活”等要求外，还对民宿公共空间要求“突出地方特色和文化”，“应有原创性强、地方特色鲜明的文化主题”，还要“积极参与当地政府和社区组织的集体活动”，“经营活动应对地方经济、社会、文化产生明显的促进作用”等，这些超越民宿内部经营的社会义务要求，既是对浙江一些优秀民宿业主公益行为的激励，又是对更多民宿业主社会义务行为的感召。

我们走访的一些民宿业主，在协助地方政府修建步道、整治环境、增加税收、提高就业、拉动当地农产品销售的过程中，让普通农户享受

杭州富阳“天地农庄”雪景

到了原先不曾想过的“好处”。“墟里”这个民宿拿出百分之十的利润做资金，为留守儿童提供帮助。绍兴“若耶山居”有意识地雇请村里智障、跛脚的人来做洗菜、收银等工作，帮助村里解决困难，并租用农户二十多亩地，再“返聘”农民种蔬菜，提高农户的收入。莫干山“莫梵”民宿的主人联系当地民政部门，牵头出资成立社区发展基金会，帮助生活暂时有困难的当地居民；联合周边民宿业主，共同举办了“百寿宴”，邀请村里八十岁以上老寿星吃年猪饭、看舞龙灯和越剧演出，最后还不忘为每人送上一个大红包……

政府推动

单个的民宿业主毕竟势单力薄，社会各界的扶持可以带来更大范围的文化提升。

比如，杭州淳安文广新局和“非遗”中心选择十条乡镇精品民宿线开展“走进淳安民宿，尽享‘非遗’之乐”活动，不仅有睦剧表演、畲族民歌、跳竹马等“非遗”表演饱眼福，有淳安“非遗”的茶园豆腐干、花猪腊肉、橡子豆腐等美食饱口福，还有雕工卓越的青溪龙砚、织工讲究的八都麻绣、做工细腻的王阜绣花帽满足人们的购买欲。

又如，湖州长兴连续举办“国际生态（乡村）旅游节暨首届中国（长兴）民宿文化节”，民间木工、篾工、编织、箍桶、根雕、打铁等工艺的现场制作，十里稻香鸭、农家土鸡煲、农家红烧肉、笋干元宝蛋、芥菜金竹、小鱼圆地衣汤、番茄鱼、茶香饼等农家美食的现场烹制，把长兴“四季诱惑”和“优美民宿”乡村度假品牌烘托得热闹非凡。

再如，杭州临安按照“既要做富裕农民，也要做文明农民”的要求，在乡村设立“文化学堂”，开展村民“道德教育”活动和“文明乡风进万家”活动，组织马灯队、排舞队、健身队，成立志愿者服务队、和事佬调解队及“山里人”文艺队等，建设开通村镇微信公众号和“微官网”，打通农户业主了解村镇公务的渠道，为村民素质提高和村风民风培育打造人文环境。

二、民宿人文化意识的觉醒

今日钱塘江流域的民宿，承载着民宿人的历史传承和文化思考，写下了对江南历史、园林、农桑、休闲、书院、温情等文化符号的现代注解。

民宿人正在懂得，过去守着家门口的风土人情但表达不出来，看着

院外面的好山好水但展示不出去，那是吃了“没文化”的亏。

民宿人正在懂得，农家乐的改造提升，设施齐备、环境舒适只是第一步，让客人体验到新鲜、自然、真挚的本地风土人情，给他们留下一份独有的乡间回忆，才是农家乐转变为民宿的真正含义。

民宿人正在懂得，单纯的吃喝睡觉，招不来多少客源，留不住多少回头客。传统手艺，本乡土产，祖上名人，是乡村游客的心中期待；田园风光，采摘劳作，交谈甚欢，是抚慰游子的必备“膏方”。

民宿人正在懂得，要让人们喜欢上“土里土气”的乡村民宅，得“俊媳妇还要巧打扮”。在民居改建、内外装修、日常服务、农事安排、商业运营，包括和来往客人随性聊天时，顺应现代人的审美情趣，满足城里人的精神需求，讲好山里人的过往故事，已经比住宿价格、饭菜种类更让游客“计较”了。

民宿人正在懂得，民宿虽小，但正好营造“家的感觉”。比如装饰风格以“家”为主，卧室有空调，阳台有洗衣机，厨房有冰箱、电磁炉，提供空气净化器和熨烫工具；再如服务带有“家”的温度，主人每天参与接待，主人房间和客人房间距离不远，主人主动和客人多交流，主客一起商量菜谱和出行计划……这样才能让游客产生宾至如归、自由自在、心情舒畅的感觉。

民宿，作为一种生活方式的依托，开通了社会大众新的精神消费渠道；作为一种社会交往的平台，提升着城乡人群新的文明礼仪水准。民宿，给村镇增美，把山乡激活。

嘉兴乌镇水乡民宿美景

三、几点文化启示

从20世纪80年代农家乐兴起至今，乡村度假产品经历多次换代。身为农家乐升级版的民宿，给予了业主和社会更多期望。从昔日农家乐到如今的乡村民宿，时间不长，距离不远，中间的分水岭，是文化。

不管是因为自然萌发，还是因为能人示范，或是因为政府推动，钱塘江流域民宿人的文化觉醒，给民宿未来带来的，是新的思考。

杭州富阳“三分书舍”民宿的各色体验活动

民宿的魅力在于“感觉”

民宿的魅力在于感觉。罗曼·罗兰说，“幸福是人们灵魂中的一种香味”，说的就是“感觉”。在这个意义上，研究客人的喜好，而不是“有啥吃啥”“凑合着住吧”，更不是把自我偏爱的事物强加给客人；分析不同类型的客人的反应，而不是“青菜萝卜一锅烩”；不仅给客人提供自认为周到的服务，还要注意察言观色，主动征求意见，不怕客人“唠叨”，是民宿主人的基本素质。

民宿的优势在于“体验”

将心比心，大都市经济繁荣、设施健全、文化昌盛、交通便捷，城里人为什么还要到乡下来吃住？图的就是一个“体验”。如今人们已经不太计较那点不同房型的差价，出门放松和度假，都想“对自己好一点”，体验到位，才物有所值。乡村山明水秀，是视觉体验；农家风味小炒，是味觉体验；主人贴心服务和引导农桑采摘，是眼睛、鼻子、手脚、心灵的综合体验……体验给游客一种主动接受的“权力”，一种亲身品味的亲切，一种直接享受的快乐，其实，体验是感觉生发的前奏，也是感觉接送的桥梁。在顾客体验上下功夫，就是给他们感觉上送享受。

民宿的回头率在于“家的感觉”

客人会不会再来，要看他们在这里有没有“家的感觉”。把客人当作家人一样对待，有很多细节值得注意：人来时，到村头迎接带路；如果客人有兴趣，主客一起下厨；出门前，耐心指点行程和沿途风光；游玩中下雨了，电话询问“要不要送伞”；闲谈间，彼此推心置腹，互相

在绍兴新昌下岩贝村“好客农庄”体验采摘快乐的客人

交换人生体验和难忘的故事；天凉了，及时提醒“穿暖和点”；遇上客人身体不适，提供照顾和帮助；人要走了，叮嘱“路上小心”……这些都能让客人暂时遗忘自己身在异乡，人在旅途。还有什么比这些更让人动心和记忆深刻的呢？

民宿文化的内容是多样的

人们对民宿文化的见解不尽相同，但如果分门别类，概括起来，无非是主题文化、地域文化、乡土文化、传统文化、家文化等等。“主题文化”，是引入某种主题文化元素，如茶文化、禅文化、摄影文化、水墨文化等，针对不同目标客人对民宿文化进行定位。“地域文化”，是用住宿、餐饮、体验中的各种形态，来阐释和表达当地文化，用山川、建筑、服饰、器具等当地文化实体，加上主人的引导介绍等，加深客人对当地风土人情的了解。“乡土文化”，是满足城市人群体验原生态乡土情怀的核心内容，具体呈现为古老建筑风貌、传统乡土物件（渔船、犁具、碾盘、蓑衣等）、周边地理形态（青山翠竹、溪水潺潺、鸟语花香、泥土芬芳、田间采摘、荷塘垂钓等）……

民宿的文化效用是综合的

民宿文化觉醒给人们带来的直观印象，由浅入深，也许可以这样形容：“眼球经济”，最大程度提升民宿口口相传的魅力，创造出游客对民宿的IP印象；“品位印象”，文化内涵和民宿品位是同一个层次的概念，它是民宿与农家乐拉开距离的主要依托，能引导民宿走得更远；“家的感觉”，装饰的乡土风情，体验的丰富多彩，饭菜的精良可口，业主的热络体贴和无微不至……都成为民宿文化的核心竞争力。

民宿的文化提升需要时间

大陆民宿发展的初期阶段，资本一度风光占尽，因为基本设施、舒适程度、设计感觉和民宿外观等，资本最有“发言权”。我在欧美、日本和中国台湾民宿居住时有种感觉，大陆那些精美绝伦的民宿，可以把它们打得“统统趴下”。硬件和外观的“胜出”，有钱就可以办到。但民宿内涵、体验、温度的增加，还需要时间积累，需要实践磨砺，说到底，需要人的品位逐步提高。

由于区位不同、目的有别和文化差异，民宿其实不是一个“标准化”产品，也无法快速模仿复制。资本可以复制很多硬件，但文化是一种习惯，一种感觉，一种岁月的积淀。

在这个意义上，精致的内部装修和星级的管理范儿，有助于民宿感官体验和舒适度的提升，这需要付出较大的代价，并且不一定都能转变成民宿的品位："银子"花多了，售卖必然高价，前面说的感觉、体验、回头率和家的味道，说不定还会受到负面影响。

在这个意义上，让城里人学会体验一种新的生活状态，主人的热情，原汁原味的山村体验，宾至如归的感觉等，都不是金钱可以"砸"出来的，需要民宿主人具有耐得住寂寞，品得了乡愁，懂得了人心的素养支撑和实践积累。

一些民宿业主告诉我：越往下做，越觉得做这一行不容易。有的人看到民宿"火爆"便满腔热血一头扎进来，终于"事非经过才知难"。民宿主人们的甘苦，想来也是"鱼在水中，深浅自知"吧。

来得快走得也快的，肯定成不了民宿人。民宿的基础在硬件，对于那些终日劳顿而跑来放松的旅客而言，主人的故事和情怀再动人，也不会比洗个舒服的热水澡、睡个"自然醒"的囫囵觉更有感觉。但民宿的灵魂在文化，硬件再好，也比不上都市豪华酒店。谁发了疯会专门跑到偏远山村来洗"热水澡"，睡"囫囵觉"呢？客人到乡村民宿是图什么来了？这是民宿主人需要时刻牢记在心的问题。

在这个意义上，如果把民宿当作一道"快炒"的大菜，急火快铲，可能把上好的食材弄糊烧焦。民宿的经营，更像煲一锅汤，用心配备各种食材后，文火慢炖，耐心伺候，把当地特有的作料放进去，让乡土的滋味冒出来。换个说法，唯有在日积月累中，在不断融入环境和自我提升中，逐渐把民宿乡土条件和客人丰满体验相融通，把主人的个人理念变为客人的美好感受，才是民宿人更佳的文化自觉。

民宿文化的难题

民宿的形象和品位，像民宿主人的“名片”，是旅客口口相传的“卖点”。钱塘江流域民宿人的文化意识正在觉醒。但觉醒处于“正在进行时”的民宿文化，还有一些“瑕疵”。走访钱塘江流域民宿，我发现了几个有意思的现象——

一、文化“发现”

熟悉乡村风俗的大众民宿业主，不会主动谈“文化”。课题组的教授、博士们“启发”半天，他们才会顺着我们的思路，“挤”出点零星的关于民俗民风、乡村体验的想法、做法。

我们走进莫干山“后坞生活”时，设计师出身的业主王旅长劈头给了我们几句冰冷的“寒暄”：“民宿是有烟火气的。文化带不来财富，欧美国家没人天天讲文化。《北京人在纽约》里王起明在餐馆用他拉大提琴的手刷盘子时，他心里的文化在哪里？！”

文化对于乡村民宿而言，有点奢侈，需要观察。

外来投资人的精品民宿装修讲究，人情味十足，但价格有点“烫手”

由于具备设计师、画家、教授、企业经营者等从业经历，经营精品民宿的外来投资客用从氛围营造到客栈主题、经营特色、乡村体验，再到通过微信建群、电话联络、生日问候、采摘邀请、寄送茶叶等等多样化的方式留住了不少“回头客”。只是，这些精品民宿的装潢风格，很多重复着城市高星级酒店的“高档风”，可能为满足城里人到乡下的“享受”需要，可能和经营回报策略有关。不管怎样，“高档风”的装潢，和各种乡土气息的民俗民风，和各种满脚泥土的农事采摘活动，有些不那么搭调，还吓走了很多兴冲冲来询价的潜在客人。调研组五人中有三位教授、一位博士和一位单位管理者，是典型的白领阶层。我问：“高（一千元以上）、中（五百元左右）、低（两百到三百元）价格一晚的民宿，大家一般住什么价格？”大家的回答几乎异口同声：“不会住高档民宿，太贵了！”杭州临安投资两千多万元的“渔乐山房”业主姜永水对我坦言：“大家都想做民宿，利益就分流了。经济会不会下行很关键。民宿毕竟属于‘高消费’……”

课题组在杭州桐庐芦茨湾“绿芦驿”民宿调研

一些外来投资人虽有文化品位，但融入本土不够，风格有些“不搭”

外来投资客相对见多识广，很注重营造民宿的格调和氛围。但走进布置得典雅精致的民宿，恍惚间有种“穿棉衣摇蒲扇——不知春秋”的感觉。精品民宿中的文化符号和整体风格，带着投资人经历和偏好的浓重色彩，大都和当地的山川地貌、风土人情有隔膜，甚至反差很大。装潢设计的所谓北欧风格、意大利风格、日本风尚、大唐遗风、中式古风……放在哪地的民宿里都能用，唯独和本土风物没啥交集。甚至有的精品民宿，如德清的“裸心堡”请来身着苏格兰传统裙装、高鼻子蓝眼睛的外国人当领班，本乡本土生长出了很有视觉冲击力的“洋家乐”。有人统计，中国风（中式）的民宿相对更普及和更受到各个年龄层次顾客欢迎，我想，肯定不是因为其他风格的民宿不好，而是中国风民宿和中国的山川风物、人文环境相对“更搭”。真想感受欧美风格或日式风格，直接去欧美或邻近的日本本土岂不更好?

一些“高端人士”好心营造的“主题文化”，旅客似乎不太领情

有人把民宿文化概括为乡土文化、地域文化、传统文化、主题文化、家文化。有人把个性化主题元素引入民宿文化，细分为禅文化、茶文化、摄影文化、水墨文化、古董文化……这种细分市场的行为动机固然好，但关键要看

目标客人是不是能对这些主题文化感兴趣。我们走访的民宿中，业主精通摄影的，在大厅、走廊、房间会悬挂摆设一些摄影作品，在公共空间书架上放置不少摄影画册及摄影主题书籍；业主曾有过收集古董经历的，会专门辟出一个大通间，摆满宋元明清的金、铜、玉、石等藏品，在楼道上摆放一排置放炉、瓶、樽、彝之类或真或仿的古玩的博古架。这些东西，饱含主人的心血，也美观雅致，体现着主人的品位和情趣，能博得“圈内人”喜欢，也能引得客人驻足观赏一番。但我观察，客人基本看完拉倒，不会心有所动。毕竟，都市里的摄影大展、古董博物馆里类似的东西，更多也更好，他们到乡村民宿来，“醉翁之意不在酒，在乎山水之间也”！民宿产品生产的原则是取悦客户而非主人自己，怎样吸引顾客参与进来，怎么把故事讲好，提高吸引力，“工夫在诗外”。

一些农家大众民宿，装潢时开始点缀乡村特色

一些农户自家操持的民宿，会在墙上镶几幅画，外墙挂上斗笠、蓑衣，墙角堆几件农具，等等。有，比没有好很多。只是，物件易得，故事难寻。本乡本土的那些历史故事、特色风情，在大众民宿里还是难得听见，感觉不到的。

多数大众民宿业主还缺乏“主人意识”

我在新昌下岩贝村、临安指南村等地小住时，发现那里的大众民宿多是本地人的自持物业，儿女或儿女与父母共同投资，父母经营为主（儿女还有自己的工作）。客人上门多的时候，或节假日里，儿女们才“上山”帮一把。客人少时，就由父母接待。儿女即使现身，一般也只

是白天过来帮忙，晚上各回各家，留下老父母接待客人。客人和满口乡音的老人沟通不畅，民宿的“主人温情”和“家的感觉”就无从谈起了。这就形成了一个令人尴尬的反差：大多由外乡人投资的精品民宿，因为有品位、重沟通和懂得贴心服务，反而比本乡本土的大众民宿更有“温度”。

凭借优越的自然环境和特殊地理位置，一些大众民宿也能生存

尽管现在一些精品民宿日子不好过，但有些本乡本土的大众民宿情况尚可。桐庐畲乡戴家山山高地偏，难得一到。村里的民宿因房间大小、层次、外景、配套（阳台、小茶室）的不同，每晚房费竟然在四百元到一千三百元不等。民宿入住率还很高，经常一房难求。“云层之上”的老板告诉我：“投资差不多两百万，一年半到两年就收回成本了。”一些大众民宿业主这样说：“客人喜欢到我们农村来，吸吸新鲜空气，吃吃农家菜。反正是自家住的房子，淡季没客人，我们可以出门旅游。”

大众民宿业主和客人在生活理念上存在城乡差异

民宿和一般宾馆的区别，在于客人可以感受乡村主人的热情服务，并有机会体验当地的风土人情。由于农村人和城里人生活方式存在一定差异，城里人喜欢乡村风情，但对农村大嫂大叔的服务方式，未必都感到舒服，加上乡村大众民宿一定程度上存在设施不配套、用具不消毒、交通不方便、证照不齐全等问题，一些旅客感叹：“住精品酒店舍不得，住大众民宿不放心。”各地民宿发展中出现的一些损害旅客利益的乱象，使得各方对民宿加强管理的呼声渐高，“动作”也渐多，“政府

嘉兴乌镇西栅“梨园客栈”

规范管理”和“鼓励民宿发展”，在实践中出现了某种龃龉。

统分结合的民宿管理凸显文化优势

钱塘江流域民宿管理范式给我印象最深的，是乌镇民宿。我在景区内56号“梨园客栈”住了一晚上。从进入游客中心开始，到民宿、餐馆和景区任何一个地方，统一的免费Wi-Fi让人暖心。乌镇民宿的管理方式特点鲜明。第一，统筹管理规范。一进大门，保安温馨提示：十二小时以内停车五元。我们第二天早餐后出发，果然只收了十元。所有民宿统一标识、统一管理，床上用品相同，菜单菜价一样，民宿按照阿拉伯数字编号，沿着景区行进路线依次排向远方。有观光车接送，找到自己的“门牌号”很容易。第二，早餐免费，还温馨。清一色的青花瓷小碟儿，前一晚点了需要专门准备的油条、花卷、馄饨、豆浆、炒饭。此外，还有牛奶、果汁、白粥、黑米粥、红薯、山药、青菜、包心菜、雪菜、土豆、花生米、芹菜炒豆腐干、豆腐乳、腌萝卜等各色饭菜，顾客可以自由选用。第三，待人公道暖心。晚饭我一个人，要了香干肉丝、手撕包菜两个菜，香干肉丝端上来，满满一大盘足够吃了。我问“手撕包菜炒了吗？”，回答“没有”，两分钟后十八元退到我桌边，一个人二十二元吃得很美。我注意到，民宿为了保持民居风格，用的是老式餐桌和条凳。担心初春游客坐上去太凉，所有条凳都围上了一层绒布。向景区管理人员求助、问路或坐免费接送车后道谢，都能听到“不客气”“应该的”之类彬彬有礼的回应。第四，性价比高。房价一晚三百七十元。民宿外观是明清建筑风格，进大门后一个古色古香的大门厅赫然在目，厅内摆放着气派的太师椅，可供游人进出时小憩。和民宿古老外表形成反差的是，室内装修小巧、精致和实用，空调、直饮水、宽带等一应俱全。整体感觉是大集团统筹民宿管理，在资源、培训、规范、监管和文化形象塑造上，有其独特的品位和成本优势。

发掘和提炼本土人文积淀，“活不好干”

在富阳龙门古镇走访，除了已有的具古典风格、书香风味等特色的精品民宿外，业主们还酝酿发展农耕宿、戏曲宿、木工宿、篾匠宿和瓷宿、艺宿等。想法有创意，也很有个性，唯独涉及龙门古镇、孙权故里的历史文化时语焉不详。在桐庐莪山畲乡戴家山，住宿、餐饮缺乏特色，游遍整个山村基本感觉不到畲乡风味，只有游客兴冲冲奔它而来时脑袋里提前装进去的“畲乡”大名。媒体宣传的所谓“一些古老的畲族文化被完整地保留下来”的说法，看来不过是“表演”。传说中的畲族语言、婚嫁习俗、畲乡山歌以及畲族人的大链拳、五步拳等民间武术表演，平常根本无缘一见。我连问了几家民宿业主："怎么看不到你们的畲乡风情呀？"回答说："农历三月三有畲族舞蹈的。"我再问："只有三月三才有呀？是你们村的人跳舞吗？""不是，是乡里组织的。如果乡里有大活动，像桐庐开全国民宿会议，乡里就安排人过来表演了……"

二、文化"难题"

走访钱塘江流域民宿，感觉在建筑风格、装修点缀、农桑采摘等"可视文化"层面，民宿业主已经开始觉醒。但对于乡风民俗、本土典故、历史传说等"民俗文化"，人们还显得比较陌生。文化，对于民宿的提升作用意义重大，但历史和精神层面的文化，对于民宿的生存意义暂时还不是"唯此唯大"。

在首批国家历史文化名城绍兴走访民宿时，绍兴市旅游委员会经济研究所刘翔所长的一句话，让我们思考良久："绍兴提出了'文宿'的理念，不过主要是针对绍兴市区古城内民宿而言的……"这是不是意味着，"文化民宿"建设对于乡村来说，还为时尚早？

文化互有替补

文化，是通过人们长期创造形成的凝聚了人类文明创造的产物，是能够被传承的国家或民族的历史、地理、建筑、工具、风土人情、传统习俗、生活方式、文学艺术、行为规范、思维方式、价值观念等的总和。文化的存在方式多种多样，大而言之有三种：

一是人类创造的物质财富，包括衣食住行、生老病死、安居乐业等

杭州桐庐莪山畲乡戴家山一隅

杭州桐庐戴家山山腰间的“隐庐·竹韵”

所需要的所有物质成果。二是人类在创造物质财富过程中从事智力劳动取得的成就，如著作权、专利权、商标权以及科技成果、艺术成果、思想成果、制度成果等。三是在创造物质财富和精神财富过程中人类自身的思想品格、思维方式和价值观念等。

文化的这三种存在方式相互关联，但也有层次之分。尽管三种文化方式都能服务于人类，但在不同社会发展阶段，以及不同区域、年龄、经历的人群，对文化三种形态的需求和感受能力也不一样。和年轻人喜欢演艺文化、老年人喜欢养生文化、学者高谈国家大事、百姓喜欢家长里短一样，民宿经营者在文化元素的偏好和选择上，和他们由学历、经历、眼力决定的“身份”特征呈正相关。

人们对文化的喜好，选择性其实很强。历史和精神层面的文化，至少在现阶段，还只是小众人群关心和引领社会的需要；而可视、可玩、可吃、可带或迥异于都市的文化符号和活动安排等，可能得到更多城里人的青睐，更何况乡村还有绿色环境、清新空气、农家菜肴等方面的魅力呢？即使都是乡村风俗风情，有的人一听列入“非遗”名录就兴奋，更多人管你什么“遗不遗”，只要好吃好玩就行。衢州皮薄馅多馨香味素的“麻饼”、乌镇温火熬制牵丝造型的“糖画”当然好，民宿主人带我上山下沟，春天挖蕨菜、盛夏摘杨梅、秋日刨红薯、冬天挖冬笋，也好！

绍兴新昌下岩贝村“好客农庄”民宿的采摘活动

杭州富阳龙门古镇民宿

文化难在挖掘

文化类型上的区别，决定了有的看得见摸得着，容易被“利用”，有的需要去“挖掘”“发现”才能得到运用；有的延续至今容易把握，有的已年代久远，历经“运动”，很难寻觅；有的虽知大体情况，但怎样才能古为今用，如何贴近民宿需求，对现代人的选择、吸收和再创造能力，是个考验。

尤其是，丰富的历史文化资源，怎样和每一个单体民宿的个性需求衔接成具体的文化元素和生动符号，这就更要看民宿主人的文化意识、情怀、眼光和功力了。

阶段特征使然

走访钱塘江流域民宿的一个启示是：不可“空谈”“拔高”文化的作用，一如喜欢美食也不能“生吃”“贪吃”。

桐庐的一位精品民宿业主向我直

言："大众民宿提升的空间不大。他们大都由农家乐转变过来，业主文化素养不高。提升主要是提升经营的规范，文化层次提高很难……"

这种断言不能说无懈可击，但有它的深刻之处：如果儿女们还舍不得放弃"自己的事"，仅仅把大众民宿当作副业，甩给父母经营；如果游客本身对历史文化的兴趣，还远不如对爬山、戏水、采摘、骑行之类轻松惬意、让人身心放松的活动的兴趣大；如果大众民宿或精品民宿的业主们，还缺乏对挖掘当地历史文化资源强烈的冲动、充裕的资金准备和孜孜以求的精神；如果地方政府对民宿发展的扶持刚刚驶入"资金配套""培训管理"弯道，还没能力跃升到历史挖掘、思想融入的规划和推进高度……文化内涵对于民宿的附加值意义，暂时集中在物质、环境和活动的文化层面，就显得天经地义、合情合理了。审美情趣、价值观念、思维方式等层面的提升，还要假以时日。

人们喜欢谈民宿文化的话题，大抵因为民宿里可能隐藏着都市缺少的情趣，民宿外可能游走着童年玩耍的记忆。

文化作为上层建筑里的艳丽花朵，受到发展阶段、社会风俗等的制约，但它毕竟不完全是物质生产的"婢女"。恩格斯当年说过，"经济上落后的国家在哲学上仍然能够演奏第一提琴"，他是说当年在欧洲，相对落后的普鲁士王国，居然为人类贡献出了康德、莱布尼茨、黑格尔、叔本华等一批灿若明星的大哲学家。

发展中国家由于历史悠久、地理条件优越和人民勤劳带给世界灿烂文化的事例，也不胜枚举。桐庐戴家山民宿和富阳龙门民宿，尽管在挖掘当地历史文化内涵方面尚有不足，但这并非说明文化没有意义。正是1988年建立，而今持续传播的畲乡文化品牌效应，以及连续多年整修、各种活动烘托出的龙门古镇名声效应，才使那些民宿借当地民俗文化、历史文化之盛名应运而生，才让源源不断的客人慕名而来。这，本身就是文化的魅力。只是，要在今天民宿众多、车程不远、各有高招、未必“非到你这里来”的背景下活得精彩，各位民宿业主更加需要匠心独运，精心提炼融入本土、难以复制的特色文化资源，以“对得起”（经得起时间考验）那来之不易的外在盛名。

三、文化“提升”

民宿文化的“现象”和“难题”，阶段使然；民宿文化的“提升”，可以尽力而为，但要讲求方法。

政府部门层面

在继续支持发展精品民宿文化引领作用的同时，还是要大处着眼，着眼长远，“宏观调控”，尽量“超脱”。处理好三个关系——

一是重视对精品民宿“接地气”和大众民宿“上品位”的双重引导，在资金扶持和引导重点上，注意补足两者各自的短板，改变一定程度存在的，对“容易出彩”的精品民宿关注较多，结果干扰市场信号，助推“盲目上马”的现象。

二是引导民宿挖掘和讲好本土历史故事。在人们对乡村文化保护的“硬件意识”已经觉醒的今天，精神文化的抢救保护显得更加迫切。其实，一些文联作家、民宿研究人员和学校志愿者，都有深入乡村“采风”的冲动。组织他们和当地人拉拉家常，谈谈旧事，漫步大街小巷，感受当地的历史变迁，从中挖掘、抢救祖祖辈辈留下来的乡土故事，品味叙谈中的历史沧桑，感受别样的人生经历，并整理成文字，编成小册

绍兴新昌外婆坑村“归园田居”，一家提炼村里十一个少数民族风情修建的主题民宿

子，会让民宿主人“主动”和客人聊天时多一些有味道的谈资，为乡村积累下一批可以留存的精神遗产。

三是研究改进管理方式。正视民宿由农办和旅游两个部门共同管理，但合力受限的难题；趁着民宿建设问题暴露和城乡管理体制融合的机会，及早研究出台钱塘江流域内民宿管理合力形成的体改方案。通过树典型、抓培训、多引导、重激励等手段，开拓和提升民宿文化内涵建设的思路及方法，研究和推动各地团队建设和零星客源整合的管理机制，创造条件丰富各地民俗民风文化活动的市场动力机制。

四是适度加快民宿协会的建设。目前钱塘江流域各市、县（市、区）建立民宿行业协会的情况还不理想。杭州在市本级和桐庐、临安、淳安等市辖区成立了民宿协会；但很多地级市的市级协会多还停留在旅馆业协会、农家乐协会层面，县（市、区）成立民宿协会的还不多。推进协会的建立，释放协会的专业指导和“业内”约束功能，协调民宿在各级协会中重复入会的问题，发挥好政府和协会两者互为补充的积极作用，政府能做的事情还有很多。比如业主和员工培训的内容与形式，多听听协会会长、秘书长们的意见，甚至“压”一些工作让他们去忙活，肯定比政府单方面辛苦的成效要“明显”得多。

民宿业主层面

在重视抓好内部管理和外部客源的同时，文化内涵建设，还有很多事情可以做。

首先还是对民宿文化功能的认知。不少外来投资人更愿意把民宿建在旅游景点附近，很多大众民宿业主也注意到了要通过周边景点吸引游客入住，这些当然是务实之举。但如果民宿只“仰仗”旅游景区或者旅游目的地城市的客源，成了旅游接待中酒店的一种补充，成了旅游服务的附属品，那就会失去发展自身独特魅力的主动性。

城市化的加快，人与人之间越来越缺少沟通和信任；物欲的泛滥，名利场里的较量，让人们越来越需要放松的心灵港湾，需要超越名利的朋友和温情。怎样让人们在感受更多农家质朴情怀、享受更多乡土纯情的过程中，得到精神的放松和满足，这是民宿未来发展的富矿和使命。

大众民宿主人尽管投入不大，但毕竟也有经济和时间成本投入。如果决意做下去，就要放弃“副业”心理，儿女全程参与管理民宿，才能保证民宿的贴心服务和“主人温情”，也才谈得上在年轻一代的操持下，提高民宿经营管理涉及的方方面面的文化内涵和管理细节。否则，不是在越来越激烈的竞争中处境艰难，就是在不死不活的“等待”中捡点残剩生意。

精品民宿重资已投，文化品位多已拉高，虽然有些和当地民风民俗格调“不搭”，至少还有较为优越的硬件作为弥补。硬件短期内改不了，主人在服务中多融入当地历史文化、民风民俗的内容，继续发挥引导乡村体验、反哺新老顾客等温情服务，也能满足大多数游客的需求。对于新投资民宿的外来客商或农家业主，怎样使他们的民宿嵌入尽可能丰富多样、好看易懂的本土历史文化元素，就看政府部门和公共舆论在座谈、传播、培训、激励等工作环节中，做到什么程度了。

大众民宿和精品民宿今后面临的共同课题，是怎样通过自我学习和借用“外脑”，通过本土风格设计、外部环境营造、乡村体验增强、当地历史挖掘、“自家故事”述说以及主人“贴心服务”等途径，把民宿的个性魅力更加充分地展示出来、传播开去。

此外，由于民宿的前身是客栈，传统的经营方式根深蒂固。民宿要成为一种“贩卖文化生活”的特色产品，需要专业的平台进行运营和推广。普通游客如果只能在一些OTA平台上看到民宿的简单信息，那么对民宿特有文化还是比较陌生的。开发方便游客了解的网络浏览、参与的网页特色设计，把自家民宿在采摘体验、户外运动、乡风民俗、传统工艺等方面的特色“温柔推销”给全球游客，是一个需要用心用情的事情。

集团主体层面

借鉴乌镇与中青旅合作管理民宿的经验，通过统筹资源、精准培训和规范管理提升民宿的文化内涵和主人意识，有几条经验值得商旅企业和政府部门思考。

一是官学合作。围绕古镇的保护开发，十多年前桐乡各方的想法其实差异很大：居民盼望拆旧建新过上现代化生活，专家认为“只能保护不宜开发，否则会破坏古镇原貌”，旅游业人士提醒“听专家的会束缚手脚”，机关内质疑周边古镇已多，再走老路能否成功，不如多办几个厂、多修几条路、多建一些房……当时乌镇的领导多方听取意见，特别是在倾听各方古建筑保护专家意见后，形成了以下认识：乌镇的历史文化价值很大，要以保护为本，哪怕没有经济效益；如能兼有社会效益和环境效益，也就达到了目的。

二是政商融合。民宿以市场主体为要，这是根本；但是市场主体不只是农户或小业主。乌镇准备继续改造时，难题是“钱”。最初的设计方案要么清一色粉墙黛瓦，要么概念化的马头墙，专家和决策者都不满意。最后的改造方案，大量采纳了当地老人回忆中一些老式、拐弯抹角、个性化的细节。拆了的“老房子”要重建，旧料从哪儿来？他们“上天入地”，到周边县市寻找老房子拆下的物件儿，什么旧墙砖、旧板材、旧石料，还有老的石桥等，甚至捧着现金、拉着水泥去换一些拆毁的旧料。2006年，中青旅和桐乡合作投资乌镇，钱进来了，加上专家引领，上面那些做法，才“拉得开栓”“落得了地”，古镇明末清初的文化风貌才得以原汁原味地展现出来。

三是统分结合。桐乡在市里设有“古镇保护与旅游开发管理委员会”，进行总体规划、指导、协调和管理；下设乌镇旅游开发有限公司，按市场方式承担资金运作、保护开发实施和景区经营管理具体事项。政府宏观把控决策，建筑专家团队指导，旅游专家团队运作，具体经营公司操作，再分到具体民宿管理人员执行，这样的分工，使政府、企业、专家、管理人员能借力各自长处，补足各自短板。

如今，乌镇和苏浙沪其他江南古镇的距离拉开了。官学、政商、官民，其实各有长短，谁也代替不了谁。政府公平，长于调控，但不懂专业和市场；专家精于专业，敢于直言，但不善兼顾其他方面的“平衡”；企业长于市场，善于运作，但未必都关心古镇保护和社会效益；居民是古镇活力和人文载体，但更在意眼前的实惠……把政府、投资人、艺术家和原住民等参与主体组织起来，不仅需要资本为纽带，还需要思路碰撞后的行为引领和经营创新，需要区域集群化的民宿规模效应，甚至以“民宿”的思路重构乡村休闲旅游体系。

文化之美，从来不是单薄的，合则俱美，离则俱伤。乌镇文化美的主要支撑，是古建筑古河道之美；乌镇民宿管理品质背后，是资源整合之美和待客温情之美。怎样使得各方的优势释放、短处收敛？结合的方式怎么拿捏？融合的技巧能否复制？这是民宿管理“乌镇模式”留给社会的一些思考题。

乡村民宿的文化冲突

乡村本是特定亲缘关系的人共同守望和生活的地方。传统乡村相对封闭的环境和熟人社会关系，造就了村人共同的生活习惯、文化习俗和价值观念。中国乡村这种几千年沿袭的文化基因，保证了传统村落的和谐稳定。随着商品经济的无孔不入和市场化带来的利益冲动，乡村原来和谐安宁的文化城堡被撕扯开了，一系列文化冲突开始显现。乡村民宿业主之间及利益相关人之间的文化龃龉，也就在所难免。

一、装不装“卡拉OK”？——经营理念诱发的冲突

莫干山后坞村的第一家民宿“后坞生活”的主人王旅长，是位从事纤维艺术和竹简书法创作、极富个性和思想的业主。闲聊间他说及：“昨天一个团队打电话问我有没有卡拉OK设备。我说没有。对方说没有就不要房间了。我的管家听了着急，说装一套卡拉OK设备也就二三十万元，不上这个设备，有些客人流失了！”

我问：“莫干山很多精品民宿都有卡拉OK设备，您怎么考虑？”

“我对我太太说了，这是一个民宿品位的选择问题。有了卡拉

湖州安吉大溪村“闲来居”农庄

OK，团队活动倒是热闹了，但又会流失掉一些来寻找乡村安详静谧的客人。我们是想引领市场还是迁就市场？”

王旅长夫人谷田老师接过话茬：“典型的民宿，应该追求东方的私密性和舒适度，尽量保留一些原生态的东西。我们选址在半山坡这个闲人一般走不到的偏僻处，没要路边‘交通方便’的房子，没要那些好像很宽敞、有院子的场地，民宿市场需要引导。但很多人喜欢在路边做民宿，那样容易让路过的人看到。”

“我曾建议来请教怎么做民宿的村民，尽量保留原来的旧房子，在原来土木结构基础上修补完善。他们不能接受，全部推倒重建成混凝土结构的新房了。非常可惜，但没办法……”王旅长补充道。

走访钱塘江流域的民宿业主，经营理念上的差异和冲突，在很多方面顽强地表现出来：

"低端跑量"还是"中高端求质"？

钱塘江流域的民宿，明显呈现出农家乐民宿成本低、收入也低，精品民宿成本高、收入也高的两个极端。在莫干山后坞村的村西，一批民宿多数是在2015年和2016年才开始营业的，因为有"后坞生活"在品位和档次上的引领，价位都不错。我们在12月初的淡季去问价，一间房每晚都有五六百元的收入。而村东头的出身农家乐的民宿多在七八年前就开始营业了，当时是每房每晚八十到一百元。七八年过去了，旺季最多一晚两百元，淡季收一百五十元，甚至"包吃包住"一百多元一天也能成交。

"适可而止"还是"不断追高"？

在民宿装修的档次上，这些年民宿呈现出越来越高端的趋势。一个房间装修花二三十万元已经很普遍，五六十万、七八十万元也不足为奇。在杭州、湖州、绍兴等地，常常听到哪儿哪儿又一个民宿投资一千多万元的消息。临安一位2018年耗资两千多万元重新装修的业主告诉我："筹资过程太难了，从朋友那里借来的钱要一分利。"成本压力的加大，传导为经营压力和心态的焦虑。也有不少业主对这种高投入表示不解，作壁上观，认为"不能再这样追高了"，还是应该在"家的感觉"、风土人情、游客体验方面，多下功夫。

"自我循环"还是"借梯登高"？

我问安吉"红梅山庄"女主人，有没有在携程、爱彼迎等网上挂自家山庄的信息，大嫂回答得干脆："没有。要钱的，付了钱客人又不来，不要了。"但也有不少大众民宿业主，通过参加培训、子女教育等

杭州富阳“天地休闲农庄”，是个三面环山、自成一统的世外桃源

方式，通过多种网络平台传播自家民宿的信息。

“融入村落”还是“保持距离”？

民宿民宿，一般理解是融入乡村风土人情的落脚之处。事实上，农家乐类型的民宿是先天“融入村落”的。但外来投资的一些精品民宿，由于用地较多，耗资巨大，也由于有的投资人对融入村落心有顾虑，担心高档民宿因村民揽活、噪音扰民等产生纠纷，因此有意选择了一些相对远离村落的地方，或“画地为牢”或“包下一片”，打好围墙自成一统。这样的民宿倒是少了村落的杂乱和密集的房屋，但乡土乡情、民俗民风也被高高的围墙、紧闭的大门挡在外面了。而且这类“民宿”，大都规模较大，已经不是典型意义的民宿。没了矛盾，也没了乡村风土人情；见不到主人，也就不易有民宿“家的感觉”，成了有山水风景的独立宾馆了。

“量力而行”还是“严防死守”？

我在网上找到安吉一家叫“豪德兰山庄”的民宿问价时，业主徐阿凤爽快地说：“我的‘豪德兰山庄’5月到10月份生意好些，7、8月不预订没有房间，11月生意就淡了。我最近快一个月没有接客人了，和老公刚从云南旅游回来，淡季没人来，就出去玩了十几天。”这让我想起在临安“渔乐山房”问女主人，经营民宿后最开心的事是什么。英语教师出身的业主夏菊萍脱口而出：“最开心的是去年全家到云南旅游，我早就答应女儿陪她出去转转，十多年才终于实现。店里离不开人，经济方面也是原因。”我问富阳龙门古镇“三分书舍”业主赵冬梅生意怎样时，她回答我：“一般吧，也没有想过赚多少钱，有点生活费就好。”

湖州安吉大溪村“豪德兰山庄”，是个典型的农家乐民宿

说完好像意犹未尽，又补上一句，“二十年收回成本就满意了，至少享受了二十年自由自在的生活。”我注意到，前一家是农家乐民宿，农户自住房舍，业主可进可退，潇洒自如，而后两家是大投入的精品民宿，业主压力在身，创业维艰，所以业主经营心态存在差异。

“唯一选择”还是“兼营其他”？

多数民宿业主把民宿作为生存依靠和主业，民宿客源的多寡成为经营成败的关键。但也有不少业主只是把民宿作为经营的一种产品或一种平台，同时兼营其他相关业务。绍兴平水镇“若耶山居”的总经理吴桥谊告诉我：“不能把眼光只盯在民宿上。我们还有其他特别的获利点。比如婚庆，我们有五千平方米大草坪，可以举办草坪婚礼，自助餐是走动式互动的，多次举办过三百多人的西式浪漫的派对，绍兴婚庆市场上有我们一席之地。民宿真正赚钱的不多，我们百分之三十的客源来自山下的金鱼湾养殖基地……”

“追求规模”还是“坚守品位”？

问到经营民宿目前最大的困难是什么时，多位业主的回答是“房间不够，拿不到土地指标”。一些已经有二三十个房间的业主，通过合作、租用等方式，还在大兴土木。“规模效应”和“旺季多赚点以丰补歉”，是很多业主的“小九九”。绍兴新昌外婆坑村“发现溪居”的业主黄兆松是温州人，他的观点鲜明而独特：“现在三分之二的民宿资金投得多了，设计装修费用太高。废物利用，控制成本，突出特色，争取低价。一个民宿要经营好，五个房间最合适。规模和投资太大，民宿味

课题组在绍兴新昌外婆坑村调研民宿

道没有了，只能为房东打造财富了。”他介绍，自家民宿里的装饰板、木床板是旧木料或二手货，还有旧货市场淘来的旧柜子、旧桌椅等，但地暖、空调、电扇等一应俱全，三年不到成本全部收回。黄兆松还给我谈了一个观点：“民宿和服装不一样。民宿没有主人就不是民宿，房间多了，和这个聊天多了就和那个聊天少了。管家接待亲和力不够，晚上客人不睡管家也不能睡，能不能都做到？做到能不能保持良好心态不计较？这和企业聘用职业经理人还不太一样。”

“利润唯大”还是“另有他图”？

相当多的投资者或农家乐业主，都对民宿带来良好收益这一点满怀期望。不过，眼看着民宿竞争日益激烈，一些人持续跟进投入，其实已不把民宿看成有效赢利模式了。位于杭州西湖景区吉庆山麓的“觅禅初心”民宿，是家近水远山、绿荫环绕的精品民宿。主人黄先挺告诉我：“开民宿是想让我的企业多个平台，客户、朋友来坐坐，喝茶、吃住方便些。激情过后，想法会有变化，也想让这个民宿做得再好点，不亏更好。”黄先挺当着我的面，对管家小李说：“在这里积累一些经验，以后自己也可以开个门店。”这句看似简单的话，至少包含了两层意思：这是个平台，可以练练手，好好珍惜和努力，为以后自己开门店打个基础；现在资金还不能平衡，今后谁当管家，再开多长时间，还不一定……温情和提醒，都在话中了。莫干山“缦田”是当地知名度很高的精品民宿，业主徐萍告诉我：“‘缦田’总体不赚钱，淡季亏是肯定的。但房地产能保值增值，另外也是想为老公的企业客户提供会客、团建、疗养等配套服务。我们家那位的公司生产农药，本身要接待很多客户，自己弄个接待的地方，肥水不外流。能赚多少算多少。”新昌

杭城里的山水民宿“觅禅初心”

“巧云居”业主陈惠青是位钢笔画画家，他对我说：“民宿很多挣不到钱，但灵魂要有。我有十八个房间，在山清水秀的地方，空房率百分之四五十吧。有人问我每年亏多少，按投入八百多万元计算，估计要八到十年才可能收回，这还是梦想……”时任绍兴旅游局行业发展处处长的余珍介绍：“杭州有位老板平时住在杭州，在新昌投入四千多万元建了民宿‘尚诗堂’，没有多考虑成本回收的快慢问题，就是想自己有个度假和交朋友的地方。投资人认为，花几千万元建这样一个民宿，比在杭州同样花几千万元买一个别墅的感觉好多了。”莫干山国际旅游度假区管委会副主任沈耀腾介绍说：“一些上市公司和大型企业，这些年拨出一些钱款进军民宿，不求短期效益，就像前些年一些企业上马‘会所’一样，动辄投资上千万元，有了装修精良、环境宜人的‘自家地盘’，企业就多了一个团队‘头脑风暴’、客户放松心情的去处，眼前赚不赚钱，企业不做考虑。”

经营理念上的差异和冲突，表现形式诸如上述，其实，核心还是文化层次和文明程度不同以及选择不同导致的。在这个意义上，分析“文化民宿”的差异，揣摩“文化民宿”的经验，寻求“文化民宿”的未来，是中国民宿实践提出的课题。

文化心理，在客人入住民宿时，直接表现为一种消费心理。和住在农家乐民宿里的上海客人聊天，发现了他们有一个“高明”的消费方式：“年纪大了，需要新鲜空气。上海空气不好，我把家里房子腾出一间用来放东西，其他全部租出去。到浙江来，这里住一星期，那里住一星期，一天包吃包住一百二十元，一个月才三千六百元。我上海的房间租金都有四千多块！住在浙江的好山好水旁边，还有钱赚，还有很多新鲜蔬菜带回上海，都是我们自己摘的，很新鲜。”

民宿刻意追求文化内涵行不行？移植文化、标签文化好像“光鲜”，但未必真有魅力。书吧作为“点缀”可以，但利用率其实很低，度假的人心不在焉。禅修、瑜伽、书法、水墨丹青，有品位，也“好看”，但那是“小众”感兴趣的事情，受众面其实很有限。如果有心细分市场，面对“小众”，可以理解。而当地的风土人情、乡村民俗、历史文化等才是“独一份”可以保持永久魅力的东西；还有户外活动线路、采摘体验安排、小孩活动场所等，这些才能满足大众游客的乡村消费需求。

浙江省文化和旅游厅调研员吴健芬说得明白：“我们评选民宿，‘主人’得分就占四十分。通过暗访，主人不在管家在？扣分。有的业主把原来挺好的民宿隔成二十间，说为了旺季接客。我告诉他们：如果留下主人房，请客人进屋里喝茶，你自己生活品质保证了，才能跟客人分享，客人才有感觉。你看人家和你同样面积，只有五间房，感觉完全不一样。隔成二十间，太小，主、客分住，隔音、潮湿都有问题，民宿要有‘家的感觉’就难了。”

二、“客人多了我不接？”——切身利益导致的冲突

安吉天荒坪镇大溪村“豪德兰山庄”业主徐阿凤快人快语，非常能干。但她有个说法让我疑惑：“客人多了我不接。”我问：“为什么？”她说：“我只有七个房间，如果来的人多，超过住在我家的人数一倍，我就全部回绝了。”

原来，客人多了介绍到其他民宿住下，一个团队的人吃饭还是要在一起。他们村的习惯是，介绍过去业务如果不在那边吃饭，不退饭钱。

徐阿凤说："我们农家乐民宿的住宿和吃饭费用差不多。如果介绍出去住的客人多了，吃还要吃我的，就要亏本了。"她还说："介绍生意出去，有时还遭埋怨，有的村民会说，'你介绍的客人吃饭老是要求加菜，要求太高'，'你介绍的客人把我家抽水马桶弄坏了，也不说一声就悄悄走了……'。给他们带去生意还说这不好那不好，算了，不想介绍了。"

莫干山民宿全国知名，租金、房费也"领跑"全国，近年多次发生租赁纠纷。原来租金五千元的房子，几年后猛涨到五万元甚至更高。虽然签有合同，但原来的房东后悔了，通过锁门、挡道甚至泼大粪的方式，要求租客加钱。政府管理部门通过协调，甚至动用公安力量，才算平息了纠纷。

一些村民反映：民宿给村里农副产品销售、村民就业带来了机会，但车多人多，进村入户后，白天游客高谈阔论，晚上卡拉OK聒噪，有的游客"顺手"拿走邻家地里的蔬菜，有些民宿晚上空调外机轰轰作响，让人不得安宁。城里人本想享受乡村安静的生活，却把陶渊明"结庐在人境，而无车马喧"的意境破坏了，成为打破山村寂静、影响村民休息的矛盾主因。

游走在乡村民宿，和村民聊天中不难感觉到，原先和谐稳定的邻里关系，因为商业竞争的"插足"变得微妙起来。一些民宿业主会热情地招呼过路客："我家房子装修好，进来看看？菜是自己种的，房间很宽敞，生意很好，到我这里来住……"还有的干脆直言："他们家房子很旧了，洗脸盆很小，就是嘴巴很会说，其实没那么好……"投资人盖房或装修，村民经常会要求来打工，不让村民做，关系不好处理，让这个做，那个会有怨言，叫外村人来做，本村村民更有意见。有的外来业主

在绍兴新昌“发现溪居”和主人黄兆松交流

采取回避态度，让拉客的大巴绕路，绕开从村民家门口经过的路线，怕客人惹出麻烦……

新昌“发现溪居”的业主黄兆松坦言：“过去很注意多和民宿业主交往，现在不和一些人来往了。我有一个新点子，有人会来套我的思路，背后捅一刀；我和一个农家乐民宿签订了客源共享合作协议，村里另一个民宿业主让他不要跟我合作，和他重新签协议；我向政府申请一个项目，一直拖着我，没想到让别人拿我的思路去做了方案，很快就批下来了。投资环境有点问题。”

在社会自治组织不发达的今天，政府部门还不得不勉为其难地担任调节利益冲突的“娘舅”。

莫干山民宿租金纠纷出现后，政府官员会引导想“毁约”的房东“你不满意去打官司”——房东一打听，打官司的话自己“违约”必输，不肯去。政府出面协调，派出所再出面叫停，法治教育和安定团结“双丰收”。一些村民投诉民宿空调外机影响休息，政府部门组织环保机构测量空调外机噪音是否超标，如果超标就要求民宿业主给外机装隔音板，如果没有超标村民自然会“息怒”。

当然，政府部门不可能什么细节都管。乡民议事应该成为常态，乡规民约应该随机更新。像业主调剂客人却要自己承担住在外面的客人饭费的做法，已经明显影响到一些农家乐民宿业主对客源的共享，村委会、村民议事会、民宿业主会议都是可以坐下来商量解决办法的机会，就怕民宿业主们如散兵游勇，遇到难题无人出面调停，只会“吐槽”，没有解决章法。绍兴新昌民宿（农家乐）协会梁会长介绍说：“我们一直在研究伴手礼，要把农民的产品装到后备厢，放进行李箱。装满了，农民就富了。我在每个村选了一个联系人，他们会安排调剂多余的客人。这个人要服务意识强、沟通能力好，在能够满足自家客源的同时，还可以为村民做些好事。”

三、“怎么好像做贼似的？”——生活方式蕴含的冲突

民宿业主的“两极分化”

在钱塘江流域民宿游走，很多精品民宿里已经失去业主身影，留下管家看门张罗；业主们把民宿“理顺”，开始赢利或挣了大钱后，就着手民宿的对外扩张或投身于新的行业，民宿成为他们纯粹赢利的一种工具。

不过在钱塘江流域，也有一些醉心乡间风情和享受安适人生的，边经营边从事自己喜欢的艺术创作或田园各色劳作的业主，莫干山“后坞生活”极富艺术修养的夫妇俩，杭黄黄金旅游线上“僻地寒楼”热络好客的姐妹俩，浙西大峡谷“相见茶舍”醉心山乡的台湾人，给我留下了深刻印象。

村嫂的“辛苦”和“文明”

一些外来投资精品民宿的业主谈到，用当地村嫂的风险在于，一旦发生纠纷或辞退对方，就会得罪村嫂身后的一大家子人甚至很多村民。但村嫂相对稳定，也大多勤快和珍惜岗位，跟她们搞好关系也是外来投资人融入村落的最好途径。雇用村嫂的一个较大的障碍，就是生活习惯的差异。人家在田间地头干活的时候大嗓门说话惯了，一句“洗衣粉拿过来——”，可以弄得一栋房子都能听到。要求她们轻言细语，她们很不习惯。好容易训练得有些像样了，村民到民宿里找村嫂，还是大嗓门直呼其名，“吓得”受过训练的村嫂赶紧把这位小姐妹拉到一边，压低声音问话，不想被来者反讥一口：“怎么啦？好像做贼似的！”其他诸如个人着装要求、打扫房间细节、厨房卫生标准、对客人有问必答、主动迎送客人等，村嫂们够辛苦，也在辛苦中迅速走向现代文明。

难以接受的“率性而为”

我和民宿业主攀谈，发现他们有的明白来者都是“潜在的客人”，说话得体，有问必答。但长期的生活习惯，使得一些农家乐的民宿主人和客人沟通不畅。我到安吉大溪村一家农家乐民宿里看了看房间，为了表示对女主人开门让我参观的谢意，我说：“你家的房间挺好的。”这位年过六十的阿婆一句话扔过来，“有什么好，你又不来住！”我张开嘴半天，竟然没说出话来。在另一家农家乐民宿门口，遇到位四十多岁的女老板，大清早脚步匆匆，忙里忙外。我上前想打听一下餐宿情况，她心不在焉地边走边回答，完全没有停下来关注我的话题的意识。如果心里没有潜在客人的位置，又挖苦重视沟通的邻居是“嘴巴很会说”，那自己怎么会提高？家里怎么会有更多回头客呢？

城乡生活方式的“相互牵连”

民宿业主几乎都谈到了城里人生活节奏对民宿旺季的贡献，五一、暑假、十一、元旦、春节等节假日一房难求。莫干山“缦田”民宿女主人徐萍观察得更细：“现在来民宿不是大人没空，是小孩子没空。小孩

在杭州临安太湖源访谈“鱼乐山房”主人

子参加各种培训班太忙，孩子出不来，大人也出不来。”临安太湖源景区旁的“鱼乐山房”投入较大，男主人姜永水在聊天中，表示对国家“大环境”有些忧虑：“大环境关系到老百姓的收入水平。如果国家经济继续下行，我们做民宿的就难过了。”

生活方式的冲突，没有对错，只有衔接，而衔接，需要心态和方法。

比如“尊重”。临安“相见茶舍”主人张育铭说：“春节的房间很早就有人来订了，我没办法，拒绝了很多。初一到初三必须休息，阿姨们忙了一年，要让她们和家人一起过个年，否则我心里过意不去……”莫干山“后坞生活”女主人谷田的体会是：“阿姨们原来的习惯需要调整，只能通过日常不停地讲，教她们慢慢改。听不听？首先看你尊重不尊重她们。现在农民日子好过，她们在家又不会饿死，又不是非要到你这里。”

再如“引导”。绍兴新昌“若耶山居”总经理吴桥谊说：“店里的阿姨全部是村民，卫生，餐饮，待客，特别有感觉，什么都肯做、都能做。我们走过弯路，光靠年轻漂亮不行，很多小姑娘吃不了这个苦。我把阿姨送到开元大酒店去实习，看看人家怎么做，也请家政中心来介绍一些经验……”新昌外婆坑村“归园田居”的业主是上海人：“我希望村里的民宿多一些。民宿开得多，才能店多成市。有的村民带着木工来量我的房间摆设和床的尺寸，我都支持。这样既是一种引导，又能同村民和谐相处。我最开心的事情，是下午四点多村里走一圈，这个给你一把萝卜，那个给你两把蔬菜，到家手上都是菜……”

又如“融入”。莫干山“缦田”老总徐萍说：“刚来时有的村民是为难我的。我对他们很尊重，只要来店里，都端茶倒水，年纪大的叫他们叔叔阿姨。用本地人比较稳定，能积累经验，还能照顾家，也容易使村民感觉大家都是一家人。现在有的做的时间长的阿姨，机器出故障，先电话咨询维修师傅，按照师傅说的自己就能弄好，弄不好才请维修师傅来，什么都很操心。外地人难免有不久留的心理，老换人就很难有贴心的管家。现在我和村民关系很好，他们经常会带些番薯干、蔬菜送给我……”

四、“那是媒体在赚流量”——和社会舆论存在的冲突

这两年，一些媒体一直在“唱衰”民宿，“民宿的冬天来了”“民宿的野蛮生长何时了”之类的说法，在网络上随处可见。但在民宿集中的钱塘江流域，尽管我们的调研集中在淡季的11月和12月，但业主和政府官员的心态，远不像媒体那样，“皇帝不急太监急”。

浙西大峡谷“相见茶舍”男主人张育铭告诉我：“以前农家乐淡旺季明显，现在精品民宿淡旺季也有，但没那么明显了。现在民宿里水暖、地暖、热水洗澡、冷热空调条件都很好。今天山上只有一度，走进茶舍里却温暖如春。每年只有3月、11月和12月空一点。3月底开始挖春笋和明前采茶，后面一直到10月份客人都很多。12月中旬开始，年前各种团建、社交活动，加上元旦、春节、元宵节……基本没空闲了。”

业主们没有说“冬天的童话”，但说到了“时令的变化”。莫干山“后坞生活”女主人谷田分析道：“1989年

绍兴新昌依山而建的“若耶山居”民宿

前，这里十万元可以租一栋房子二十年，现在涨了十倍，要一百多万元了，民宿的好日子过去了。前些年很多民宿淡季不肯降价，现在终于开始降价了，七折、六折都有。昨天‘裸心谷’也标价七九九了。全球都降价了，世界知名酒店都调整了，你淡季不降价行吗？”谷田的丈夫王旅长插话进来：“民宿冬天来了？不怕冬天，来的人不会减少，只是分流了。因为莫干山民宿多了，全国各地民宿多了，不一定非到莫干山、非到你们这家民宿来了。”

莫干山国际旅游度假区管委会副主任沈耀腾认为：“当年一栋房子三千块一年就租用了，现在十万块了，加上阿姨、管家工资在提高，新开民宿多了，价位下来一些很正常。这是对民宿无序发展的一种市场调节。”他分析道：“莫干山的民宿大体是‘三三制’。三分之一外来投资者，生意可以；三分之一是德清人回乡创业的，硬件和生意也可以；三分之一是普通农户，有一些投入，加几张床，就可以接待客人了，这些人里有些砸了莫干山民宿的牌子，资金投下去了，生意不够好，贷款还不出……”

我问过几位关注民宿的政府官员，怎样看“民宿的冬天来了”的舆论，临安区社联主席肖碧琴从专业的角度分析：“一些媒体深入采访不够，有的是为了吸引眼球、赚取流量，所以用词‘大胆泼辣’……”

五、余言

乡村民宿业主面临对的文化冲突，是中国工业化发展和市场经济渗透引发的乡村本土种种难题中比较深刻的变革。这种文化龃龉，表现为工商投资人、回乡创业者、醉心田园者、农户创业者、乡村务农者、舆论发布者之间种种生活价值观的差异。实质上，这是城市文化与乡村文化、传统文明与现代文明的冲突。美国政治学家亨廷顿曾有盛世危言：“在这个新的世界里，最普遍、重要和危险的冲突，不是社会阶级之间、富人和穷人之间，或其他以经济划分的集团之间的冲突，而是属于不同文化实体的人民之间的冲突。”[①]

民宿发展过程引发的种种文化冲突，尽管形式多样，但如同“风起于青蘋之末”，蕴含着某种对未来乡村文明发展的提示，值得玩味，令人期待。

---

① [美]塞缪尔·亨廷顿：《文明的冲突与世界秩序的重建》，周琪等译，新华出版社2002年版。

民宿的生存文化理念，会在“虚实碰撞”后终归融合

虽然乡村民宿和一般实体商品一样，都是为人服务的，但最后能“坚持下来”的民宿，至少会保留三个特质：操持民宿的主人喜爱田园生活，提供服务的过程保持温度，创造产品的环境远离城市喧嚣。有了这三点不同，那些一时冲动建起民宿的，以为民宿可以成就“财富梦”的，或在耽于“理想”中知难而退，或在过于“势利”中败兴而归。民宿生存文化的冲突，经过再多一些年的磨合，会让更多民宿人习惯这样一种生存方式：满足需求才有回头客，保持温度自成常青藤。至于赚钱多少，本是融入其中的事。

乡村的经营文化理念，会在“两种极端”间趋于理性

在大陆“民宿热”时间还不算长、手段各有优劣、利弊尚待检验的今天，融入乡土已是坊间共识，增加体验更成普遍实践。高端服务、奢侈消费尽管服务“小众”人群，却能被大众媒体追捧，引得士农工商关注，缘于这种服务新潮，过去不曾享受。而农家乐民宿虽有乡土气息，价位也很实惠，生意却有些冷清，说到底，是本来生活方式就和村民有所不同的城里人，对食宿和体验条件的要求正在提高。假以时日，“新鲜”过后是实惠，“惨淡”过后是提高。各类民宿的经营理念，在继续融入乡土、增加体验的同时，多样性还在，但不会永远像现在这样畸高畸低。“两头小、中间大”作为人类社会的普遍规律，终将取代百分之九十是低端大众民宿的现状。“中档价位”和优质服务，早晚会成为大众民宿和部分精品民宿人的共同追求。

农户的生活方式理念，将在“面对面”的交流中加快提升

民宿发展除了让农民增收和给乡村环境带来变化，还出现了三个极其重要的现象：精品民宿主人对“村嫂”“村姑”和“村哥”“村叔”们不间断的日常提醒，农家乐民宿主人在和城里人“一个屋檐下生活”后不时收获的“建议”，返乡“农二代”开办民宿带回来的新思想、新做派。这是几千年来，中国农村在生活方式上的一次城乡文化“面对面”、近距离的碰撞交融。才短短几年，由于经营民宿，乡村农户在待人接物、日常谈吐、生活观念、眼界胸怀方面有了显著提升，其速度之快、影响之深，胜过以往大多数时期。

在这个意义上，在钱塘江流域生活水平、镇村风貌方面“城乡差别”已逐步缩小的背景下，调适乡村民宿业主的文化冲突，不仅关乎乡村产业振兴的进程，也是对乡村人群生活态度乃至精神面貌现代化的深层推动，意义将惠及长远。

乡村民宿业主的文化引领

引子：人人在说的“情怀”，究竟是什么？

在民宿走访听到最多的一个词，是“情怀”。我们发现一个反差：局外人谈情怀多，民宿业主谈情怀少，甚至不屑于谈。也许，人们很容易把情怀和“纯粹的文人情调”画上等号，而再有情调和修养的业主，也不得不面对市场的残酷竞争，思考吸引客源的温柔良方。有些兴冲冲杀入民宿市场、自认为有满满“情怀”者遭遇的经营困境，正让一些人对“情怀”虽恨不起来，但也爱不下去了。

几个月走下来，钱塘江流域民宿业主一些做人做事的理念和做派，给我留下了深刻印象。民宿发展能有今天，民宿经营中的种种难题能得到消解，业主身上那种也许可以称之为“情怀”的东西，还真的起着某种作用。这是一种很贴人心的实实在在的东西，一点都不“虚”。

情怀，不是云里雾里的东西，而是支撑人“喜欢”做一件事情，并不断把一件事情做完美的那种状态。

民宿情怀之一：热爱自然

和民宿业主交谈，有些人谈市场多，有些人谈山水多，有些人好像心中自有雄兵百万，有些人似乎只醉心花鸟虫鱼。不同人的性情，从中可以窥出一二。

杭州临安“相见茶舍”业主张育铭陪我漫步山间游步道时，一会儿跨步下到溪水里，给我指哪里有小螃蟹洞；一会儿指着山石上的苔藓，告诉我哪些适合做微型盆景；路过一片山林，他比画着说那是夏天萤火虫最多的地方；远处一个山头，他说那山下的村里有“火熜”（旧时江浙一带的一种取暖器具）；坡下一个村庄，他又告诉我那里的桃酥做得特别好吃……

在民宿大厅烧炭取暖时，张育铭把凉冰冰的甘蔗烤在上面，问我“焦糖味道闻到了没有？”，给我一种别样的感觉。他对我说：“原来不懂不多吃油盐没力气的道理，后来和农民打交道多了，才明白这个道理的‘奥妙’：油盐多了味道才好，味道好了人才会多吃，多吃饭菜当然就有力气了。”他感叹：“村里人有很多生活上的智慧，烧柴后怎样把炭留下来，冬天为什么水龙头不能关得太紧，看看天就知道明天天气怎样，开始都不懂，学到了很多。”

推开窗即为一场竹林雨，抬起头便是一场星空秀。一个对大自然充满好奇、童心和求知欲的业主，一定也是一位情商高、有爱心、重人情、知冷暖的温情业主。何况，来自城市的各色客人，因为厌倦都市繁华才想到乡间放松，“豪华”“现代”的东西，他们啥没见过？他们缺的就是亲近大自然的机会。只有民宿业主这方面有性情，会引导，能张罗，客人才有缘更多地接触和赏玩。这些年，很多民宿业主都在创造养殖、采摘、垂钓、收割的农桑环境，就是在努力让自己和客人融入让人能够怡情养性的大自然的怀抱。

大山、云海、星空，晨光、竹林、小溪……这对一些业主有着致命吸引力，也应是他们喜欢山野、投身民宿的原始动力。

民宿情怀之二：合作共赢

“相见茶舍”主人张育铭陪我散步时，遇到另一家民宿“云相见”的业主也在陪客人散步。张先生打着哈哈对我说：“这是昌化最富裕的女人……”那女子也笑盈盈回道：“哪里呀，当然是张先生魅力无穷……”言笑中，那女老板还对我微笑着点点头，“欢迎到我们这里来坐坐”，全然没有在挖张育铭“潜在回头客”的顾虑。同一村里的两个民宿业主，关系融洽到这种程度，也真是难得和让人羡慕。

我请教他：“怎么会关系如此和谐？”

张育铭笑着说：“钱要大家一起赚。我们公司的公众号发一篇介绍‘相见茶舍’业务的文章，就会跟着推送介绍另外两家民宿经营特色的文章。‘云相见’没有茶服务，他们会介绍客人来我‘相见茶舍’喝茶。我这里有客人嫌房价贵，我会介绍‘云相见’的价位，请他们过去看看。我们只有七间房，经常送客人过去住……”

我问：“怎么融入村庄和村民？”

张育铭脱口而出：“心态要改变，把自己当成村民。一开始村民也有误解，觉得村里人和城里人喜欢的东西不一样。业主做‘绝缘体’可不行，在城里可以不和邻居打交道，村里家家户户门都开着，必须融进去。你看这里的村民不显老，头发很黑，他们不晓得什么是染发，是因为单纯。”

杭州临安“相见茶舍”外部环境

“怎么融入呢？”我问。

“我们搞茶评会，给村民的茶叶搞包装，让他们有更好的收益。赚钱不能只顾自己，要想办法让村民得利。为什么要用村里的阿姨，其实得罪了一位村里的阿姨，就会得罪很多村民。请村里阿姨就要待她们好些，慢慢引导她们，这样对我们融入村里有帮助。村民做的竹子扫帚很大，只是扫地用。我告诉他们做小点，做精致，赋予扫帚‘生命’。扫帚挂在家里，可以做扫除晦气的象征物。”

他叹口气说：“有的民宿大门紧闭，不让村里人进去，觉得自己是精品民宿，那样不行。我这里村民只要进来，就给他们上茶，一把瓜子，一杯清茶，让他们感觉这里是村里人的客厅。城里人到了乡村，姿态一定要低，要谦卑，不能有城里人的优越感。伴手礼店放一些农户的工艺品，食蔬店里收购一些村民的蔬菜，都是为村民做好事。”

我后来在网上看到，张育铭其实做了很多融入山村的“好事”，他没有给我多说，可能是觉得不值一提吧，比如在冬日为村里所有七十岁以上的老人送一床暖被，比如请专业摄影师为村里老夫妇拍摄“金婚”纪念照和生活照，比如开发“相见茶”“相见欢”等文创产品提高村民产业附加值，比如邀请村民参加“冬酒封藏大典”辞旧迎新……

民宿情怀之三：追求品质

在临安“相见茶舍”，床单、枕巾和被套不放在山下洗涤，而是“舍近求远”，每天拿到八十公里外的临安城区浆洗；宁可压缩客房，也要扩大公共空间，说是为了保持民宿的温度，不想再现城里进了宾馆门一关互不来往的现象。

张育铭说：“目标设定很重要。如果只考虑钱，就会走偏。山下就

杭州临安“相见茶舍”客房

有洗烫的地方，也便宜，质量我不满意，还是要送到临安洗烫放心。我们设计的公共空间一定要大，要让心里放空。设计师原来设计做十一个房间，大厅、娱乐场所、餐厅等公共空间就小了。我和设计师商量，后来减少了四间客房，多了服务也跟不上，长远看不‘划算’。赚钱要‘慢火煮’，要把山村特色、家的感觉维护好，平衡好盈利和服务品质的关系。”

因为晚上要带所有床单被套去临安浆洗，张育铭临走时提醒我：“晚上你最好泡个热水澡，很解乏的。”晚上我走进卫生间一看，天哪！是一个可以容纳两个人的圆形大浴缸，灌满起码需要一两吨热水。12月初是民宿最淡季，“相见茶舍”七个房间就我一个房间有客人。我服了：主人完全没有想去节约那一大浴缸热水的念头，只想让客人住得舒服，过得开心。

在“相见茶舍”，我发现，做饭和打扫卫生的阿姨的做派，和老

“相见茶舍”里香喷喷的早餐

与“相见茶舍”里笑盈盈的村嫂合影

板非常接近。一会儿问“要不要泡杯茶”，一会儿问“要不要吃烤甘蔗”。砍下两长段甘蔗递给我后，再问“两段够不够”。一顿晚餐的过程，先后过来问了两次“菜够不够，要不要再添个菜”。吃完饭后，她们边收拾碗筷，边主动和我们聊天。我请她们早点回家忙活，她们都没挪地方，坐着继续和我聊天，直到我起身，她们才去厨房收拾锅碗瓢盆。

早餐时，阿姨端上饭菜的同时，会递上一个精致的吐鱼刺的小碟；边吃边聊时，会适时问道：“我给您再添点小菜？”“要不要再添点稀饭？”早餐从餐具到小菜，都精巧精致：五小碟菜，分别是豆腐乳、炒笋干、酸白菜、切块苹果、面筋花生米；加上馒头、稀饭、红薯、玉米、鸡蛋、鸡蛋饼。我数了数，十一样餐食摆在面前，那可真叫琳琅满目！

和“相见茶舍”的阿姨们聊天，她们始终面带微笑，有问必答，不时地还会“呵呵”笑出声来。我趁张育铭不在，问：“老板对你们怎么样？”一位阿姨说：“老板没说过我们。要做什么，哪里要怎么做，他会和和气气告诉的。我们出门做事手上有东西，老板会跑过来帮我们开门。”

吃完早餐要离开“相见茶舍”了，阿姨代表老板，一直把我们送出客栈大门口，还礼貌地说“欢迎下次再来”。我上车后抬头突然发现，三位阿姨远远地在客栈大门口向我们挥手送别，原来她们一直站在客栈门口目送我们下坡、上车、启动。我赶紧摇下车窗，向她们挥手致谢并告别……

我在想，一批四十多岁大山深处的女人，在民宿老板和颜悦色的“培养”下，居然能和客人字正腔圆地交流，对客人面带微笑地服务，将客人主动贴心地迎送……而大众民宿中那些已在“接班”的新一代乡村后生和小嫂嫂们，学习能力怎么样？主人意识有没有？营造氛围行不行？贴心服务会不会？回头客人多不多？缺的，恐怕就是张育铭这种，能用温言软语征服人心的“领路人”和“培训师”了。

民宿情怀之四：设身处地

很多民宿业主感叹“管家”难找。有的甚至认为，“管家永远是隔一层的，招待客人，一定要主人自己出面才行”。话说的也是，我不止一次问到过的民宿管家“来多长时间了”，回答“一个月”“两三个月”的很多，“半年多”“一年多”的回答虽然也有，但比较少。

但在莫干山“缦田”民宿，管家给我留下了深刻印象。办完入住手续，管家一路陪着我们，穿过石板铺就的小路，进入装修大气考究

湖州莫干山“缦田”的饭厅兼卡拉OK厅

的“秋收”别墅。路上管家在前，不时回头叮嘱“小心”“慢点”。到了房间门口，管家麻利地刷开房门，顺手把房卡插入取电槽，帮我们把行李安顿好，走时关照道：“卡不要拔掉，这样房间暖和些。一会儿我再给您一张卡。”暖和的房间和贴心的话语，让人感受到“缦田”的温度。

我问“缦田”业主徐萍，怎么才能把管家培训得如此贴心。她说：“管家我用的都是本地人，能照顾家，对他们好，就比较稳定，经验才能慢慢积累。”

我问：“还有呢？”她回答：“这样也容易使村民感觉是一家人。外地人管家容易有暂时心理，不稳定，老换人，就很难成贴心管家。”

她接着说：“对客人要细致，行程细节要安排好。同时我也给管家一定的变通的权力。比如给房间里送些水果，比如病人半夜生病时管家去买药，都不用请示，直接做就是了。没有权力就没有责任心。”

我问：“和管家相处还要注意些什么？”徐萍也承认：“民宿的管家不好找，要一专多能。会场布置，给客人倒茶，前台安排，调解纠纷……不简单。我们筹备时请过专业的酒店经理来做，他们在酒店时做的工作比较细，都是针对酒店服务某一方面的，来这里餐饮、客房、工程都要懂，不适应，后来走了。对员工要客气一点，村里的人，家庭都比较富裕。我平时给管家一些车贴，他们经常要拉客人出去游玩。”

她介绍说：“一次管家陪客人和孩子在游泳池里游泳，孩子从游泳圈里翻出来掉到了水里，父亲还没反应过来，管家衣服没脱就跳下去救孩子，结果手机进水弄坏了。我第二天给管家重新买了一个价值四千多元的新手机，没告诉客人。”

听着徐萍设身处地的叙述，我问：“有没有其他民宿的管家想到你

上图：杭州桐庐芦茨湾“绿芦驿”
下图：杭州桐庐石舍村“静庐”

这里来的？”“有，其他民宿的管家想跳槽到我这里，说自己待的地方待遇不好、安排不合理等，也有因为被老板批评而感到不舒服想‘跳槽’的。莫干山的民宿管家，隔壁邻居的，我不能要，要了，人家以为是我在挖人墙脚了……”又是一层设身处地的考虑。

从一些民宿业主的话里话外可以感到，与乡村农户相处，种田的、杀猪的、想来揽活儿的、进来看热闹的、大嫂嫂年纪的、小伙子模样的、年长在村里说话有分量的、年轻在外面打工见过世面的，什么人都有。你占了人家的地盘，乱了人家原来的生活节奏，想融入乡村，不放下身段儿，不懂尊重村民，不为村民做好事，肯定不行。

莫干山“后坞生活”的主人王旅长告诉我：“我这块场地，原来是位杀猪的女村民家的。我们经常有来往。每年我都给她去拜年，她每年给我送猪头肉。过年很多村民给我们送些土特产，记得我们夫妇俩在一位阿姨家里吃年夜饭，他们家亲戚都在，做了三十六个菜，他们说家里嫁女儿才做这么多菜，我们很感动。”女主人谷田补充道：“我们逢年过节，也会拿上自己做的月饼，再带上两桶油，去经常被客人拉杆箱吵到的邻居那里坐一坐，拉拉家常；我们从国外回来，会记着买些巧克力、小礼品送给村民。人都是讲感情的，村里人杀猪杀鸡，经常请我们过去一起吃饭，有时早晨起来蔬菜就放在门口，也不知是谁送的……”

民宿情怀之五：享受生活

在绍兴新昌外婆坑村，和“发现溪居”业主黄兆松没聊几句，就能感觉到他深厚的专业背景。一问果然，他是浙江大学建筑与规划专业毕业的，在建筑设计圈干了十年，从室内设计到建筑设计，再到景观设计，再到房产公司的设计总监，每天工作都排得满满登登。他有一次做项目来到新昌，发现坪桥村是个远离尘世的幽静之地。这里的慢节奏，让他忽然认识到，生命中最重要的应该是陪伴爱人、孩子。回到杭州后，他辞了高薪工作，把爱人、孩子从杭州接到新昌。他说，想让女儿沐浴在这里的青山碧水和阳光雨露下，无忧无虑，自由绽放；也想让更多的朋友，能在身心俱疲之时，有个远离尘世的暂隐之地。

几年后，黄兆松在新昌相继建成了沃西、茶亭、鸟山、溪居、外婆家、茅洋、沙骑等“发现系列”民宿。和他聊天，感觉很舒服。他的语速不紧不慢，声调不高不低：“培育发现系列，就是想回家，想建一个修身养性的世外桃源。希望每一位住下的客人，离开时都能元气满满。”他给我介绍，为了营造温馨轻松的氛围，也为了降低成本和房价，“发现溪居”的很多材料，都是原生态木质材料，有不少家具是旧

湖州莫干山“后坞生活”主人王旅长的工作室

货店里淘来的价廉物美的东西，由他自己重新设计和搭配色彩。他说：“这些东西环保，对人体没危害。”

莫干山“后坞生活”，是国内首家以竹文化为主题的度假客栈，主人王旅长为首席设计，以再利用物资，不改变原房屋夯土墙和木结构，不破坏自然环境为设计原则，使用材料遵循今后这些都能回归大自然的理念。王旅长的夫人谷田老师是一位手工布艺设计者，20世纪90年代就创办了“江南布行者”手工坊。夫妇俩的理想生活，是在拥抱自然、回归自然的过程中，享受和共度人生。他们把民宿选在了远离喧嚣城市、远离村落路边的半山腰上。他们各自独立的工作室，掩映在民宿出来再往山上行进几十米的茂林修竹之中。

我沿着石阶层层、竹叶沙沙的山道，受邀走进了他们的工作室。王旅长的工作室里，满眼的各种壁挂、竹简、植物标本、纤维材料和大幅画作，让人感受到主人对艺术的偏爱；在谷田老师的工作间里，她用多种材料亲手做成的向日葵、郁金香、热带鱼、小花兔、风景画以及生活用品等，给人以生活美好关键在人的领悟。

王旅长望着天色渐暗的窗外说：“这里有大片的竹林，安静、质朴。你仔细听，外面有风吹竹林的声音，夏天，还有知了声和蛙声，这些都是自然的声响。我喜欢自然，也想守护这些老旧的东西。我现在的工作室，是原来的猪圈改造的。这些石头墙、夯土屋，我都保留了下来。”

我们要下山了，夫妇俩牵着他们的爱犬，边去散步，边为我们送行。看着后视镜里渐渐遁入大山深处的夫妇俩的身影，我心生感慨：这是真正的田园生活状态，朴素真实，道法自然，精彩自己，启迪他人……

民宿情怀之六：善于学习

民宿经营在圈外人看，已经很热闹了。但对于所有的“圈内人”业主而言，它还是个新鲜话题，还有解决不完的难事，请教不完的疑惑。

临安“月亮工坊”业主张卫荣，既不是设计师出身，又不是大学教授，是一位土生土长的农家子弟。但他给我讲起自家民宿的建筑风格，讲起利用原来木屋的砖木结构、保持建筑旧式风格时，居然口若悬河，停不下来。他谈道：“‘月亮工坊’原来是农村集体的老车站用房，一楼保留了过去的老砖墙、老泥墙、木头房梁和楼板，加强了危房的加固改建，房子冬暖夏凉。主体建筑的公共空间比较大，兼有餐饮、咖啡、品茶、阅读、观景等‘混搭’功能。”

后来我才知道，张卫荣的民宿装修，请了有二十多年设计经验、外号“老南瓜”的设计师沈勇做主创。沈勇是“隐西39”的主人兼设计者，也是2018年1月评出的“2017年度中国十佳民宿设计师”之一。张卫荣说，在“月亮工坊”前后三期的装修中，自己跟着“老南瓜”忙前忙后，学到不少门道。

临安“鱼乐山房”业主夏菊萍快人快语：“我在自己的民宿转型改造前后，为了开眼界，参加了各种民宿考察、研讨和培训活动。2014年7月，参加了台湾农业旅游发展协会的考察培训；2017年6月，参加‘两湖论坛’，考察了台湾民宿；2017年9月，在杭州参加民宿管理人才培训班；2017年10月，参加‘世界休闲博览会’茶主题展；2017年12月，在‘民宿头条学院’举办的环球精品民宿学院高研班学习；2018年1月，随‘中美华茶庄园团’去美国进行茶文化交流……”

莫干山“后坞生活”女主人谷田说：“现在的村民学习意识很强，

模仿能力很强。在我们带动下，村民不仅挣钱多了，卫生习惯和文明程度都有改善和提高。过去竹笋壳乱丢，垃圾遍地，不太讲究。现在一些村民院子里的卫生，比我搞得还细致，很讲究了。”

一些民宿业主出门参观、请教模仿，初衷是适应民宿市场竞争的需要。在借鉴学习中，提高了自己的素养。一旦有素质的行为成为习惯，乡村文明就自然成长了。

民宿情怀之七：热诚沟通

因为想看看安吉的农家乐民宿，我“百度”了几个业主的电话，想问问价格和房间情况。不知是普通话听得困难，还是业主没兴趣多聊，个个爱搭不理，不冷不热，几乎都匆匆忙忙挂了电话，沟通比较困难。我一个一个电话继续打下去，直到和“豪德兰山庄”民宿业主通上电话。

女主人叫徐阿凤，她声音清亮，语速平稳，说每年5月份到10月份生意好些，7、8月一定要预订，要不就没有房间。10月份后半月开始生意淡了，就和老公一起去云南玩了半个月，刚刚回来。

我问：“那里有什么可以玩的？”她说：“有呀，打牌，打麻将，卡拉OK，都有的。”

“房子装修怎么样？”“几年前装修时还可以，花了几十万。现在不行了，有些旧了。”回答得实实在在，不遮不掩。

“可以来住吗？”“哎呀，刚旅游回来，被子还没有套呢。如果要来，要晚一点到才行……”电话那头依然语调平和，从从容容，没有非要“揽客”的意思。

电话聊的那四五分钟里，对方给我留下了很好的印象。我决定去趟安吉，就住这家业主刚刚旅游回来、被套还没拉出来的“豪德兰山庄”，当她家淡季里的“电话客”。

住进“豪德兰山庄”民宿后，我和徐阿凤聊得更多了些。她的先生不会做饭，负责买菜、接送客人和带客人去附近景点参观。她说：“别看我小小农家乐，已经接待过德国、法国、韩国、越南六七个国家的客人了。”她边说着，边把准备好的橘子、苹果、香蕉、瓜子推到我们面前，“你们坐着看电视吃水果，饭一会儿就好。”

我转到厨房里和她唠嗑：“做民宿很辛苦，孩子能不能帮到你？”她边翻着锅里的菜，边回答我：“孩子指望不了。我们帮他们是应该的。他们忙，结了婚有自己的家了，没时间帮我们。所以做大人的，一定要身体好。”她接着主动介绍：“村里只有一家民宿（徐阿凤说的民宿，是指精品民宿），条件比我这里好，还有游泳池，你可以去看看。不过听说光地暖的电费冬天要一万多元，加上员工工资，冬天基本上保本，主要在夏天挣钞票。”话里话外听得出，这是个明白人。我把电话留了下来，下次有机会再去天荒坪，还住“豪德兰山庄”。

民宿情怀之八：培养人才

千岛湖的斋上村，是杭州淳安有名的生态果园村。村里的“仟陌间”民宿，隐逸在山水绿树之间。业主陆建堂常年在外忙碌，民宿管理，就全权交给他精心培养起来的管家小梅了。

小梅个头不高，短发过耳，待人平和，语调中带着皖北口音。一天下来，我感受到了她的“内秀”。

电话里小梅娓娓相告：“你们快到时给我电话，我让管家在停车场接你们。”

从耳朵旁移开电话，我有点纳闷："管家？你不就是管家吗？"

后来，从带我们上山的圆子、给我们安排早餐的小余口中得知，他们在店里的身份，还真是都叫"管家"。

我问："你们都是管家？给你们安排任务的小梅，叫什么？"圆子解释说："她是我们大管家，是主管。"

从上山时圆子对沿途风光、果蔬的热情介绍里，从早餐时小余对食材、厨艺和本地风俗的如数家珍中，我隐隐感到，"仟陌间"民宿"管家"一词用法的"泛化"，其实质是把权力和责任分摊到团队一个个主体肩上。

隐逸在大山深处的杭州淳安"仟陌间"民宿

和“仟陌间”大管家小梅开心交流

小梅告诉我：“老板经常让我参加县里的各种会议，开阔了我的眼界和格局。老板是个销售天才，教我怎么考虑顾客消费心理，怎么搞销售和服务。开始经营时，还带着我走访了千岛湖大大小小很多民宿和酒店，我在和业界优秀同行交往中，学到很多东西。”

淳安的山村四季常青。陆建堂和小梅想了很多办法挽客留心，比如农桑采摘。从3月的桃花节开始，此后4月份野草莓变红，5、6月枇杷和杨梅待人采摘，7、8月桃李已挂满枝头了，再往后，是石榴、山枣、野生梨……

游客偶遇不同季节，“机会”也不等。碰到水果多的季节，游客们可以在果林中穿行，挑选水果，大包小包满载而归。桃李丰收时节，管家们陪着游客上山，提醒不要碰农家桃李，可以到“仟陌间”的果树林采摘玩乐，如果要得多，就去村民家选购。一些游客品尝了斋上村的桃李滋味后，和村民建立了长期联系。一有新品，这些游客就微信订货，时鲜果蔬就直送家门了。

配合四季时令，“仟陌间”争取到政府资助，然后请来淳安睦剧团、竹马表演队等，给静谧的山村带来欢笑。小梅还和另一家民宿合作，辟一出条登山旅行步道，直通峰顶的山神庙。

小梅一边给我们斟茶，一边说：“旅客最基本的需求，是住、吃、玩。我们的洗手池有些是水泥做的，但洗涤用品都是‘无印良品’的，卫生间用的是‘科勒’卫浴，质朴但要有品位。还有就是通过沟通，思考给客人留下点什么，让客人享受到其他地方没有的感觉。”

我问：“现在游客要求多样化了，不好伺候吧？”

小梅笑着避开我的话锋，答道：“餐厅有千岛湖有机鱼，有农家土鸡和土猪肉，还有农民自磨的豆腐和自种的绿色蔬菜，都是地方风味。

“根据游客需要，我们帮顾客提前买好景点优惠门票，推荐他们喜欢的当地小吃，介绍本地采摘、手工、民俗等体验项目，观赏绣球花主题公园，陪客人去山上观日出、看夕阳，给游客送上一个三五天行程参考方案……”

小梅接着说：“善待游客，热情最重要。但光靠热情是不够的。有的人陪家人来游玩，有的人压力大想发发呆，有的人失恋了需要疗伤……喜欢聊天的，待一会儿就觉得无聊；想安静的，你问多了就感觉被惊扰到了。”

“你们怎么区别对待呢？”我问。

小梅笑笑道：“尽量提前问问需求，比如带不带老人、小孩儿，想去哪里游览，需不需要代购优惠门票……沟通过程中，可以了解到客人的需求、性格和个性。

“今年2月14日情人节后那个周末，我在和一个大学生顾客聊天时了解到，他失恋了，非常痛苦，带了两瓶红酒上山，准备在淳安放松几天，回去就退学。

“那天晚上，我把那小伙子和几位同龄顾客安排在一张饭桌上，大家边吃边聊。我把他的苦衷引出来，同龄的年轻人各说各的经历，有的也刚失恋，有的父母忙着挣钱以至于对他们关心不够，大家七嘴八舌，各谈各的烦恼。天涯何处无芳草？人生何处不艰难？最后都劝他不能退学……

“小伙子后来一直和我保持联系，叫我梅姐，说在‘仟陌间’的两天改变了他的人生。回去后，他一直坚持健身和弹吉他，学业也坚持了下来。他说等有了下一个女朋友，会带她来淳安看我……

“有个上海女孩儿，是搞销售的，工作压力大。在朋友圈里看到这里环境好就来了。第一天睡了一天大觉。第二天我邀请她出门转转，边赏花边聊天，顺手还插了个花篮送她。她告诉我，在这里住着好放松，可以静静享受时光，不想出去玩，就想独自待在民宿里。

“一个月后的周末，她又来了。说这里是她的加油站，定时定点要来，来一次状态可以顶一个月……”小梅说到这里，眉宇间充满了自信和自豪。

小梅是学化学出身。进入民宿行业后，自学了心理学、管理学课程。她说：“人是活的，管不住。要想办法管思想。”

管家圆子说：“梅姐传达指令，不是那种严厉的口气，很舒服，她经常说咱们一起去做吧。主管信任我们，也带头做，所以我们再忙都会努力的。”

“有时我说了前半句，后半句他们就能接上。”小梅笑着接过话题，“有好多事情，我们大家一起商量，让他们感觉点子是自己出的，肯定就愿意执行。”

圆子说："我们员工干活，也愿意有个领导核心，大家共同服从。哪怕自己有其他想法，也要坚决去做。每个人都是团队中的一员嘛。"

小梅有个想法："我想把这个团队独立运作的能力再提高一些，今后能接管其他民宿，实现人才和管理输出……"

我问小梅："你年纪轻轻，又是学化学出身，怎么会在管理上有那么多想法？"她呷了一口茶，慢悠悠道："老板把我从外面领到民宿里，给了个学习大平台，可以认识各种人，他又带我到处参观学习，而且从他身上，我也学到很多东西。"

"能学到什么东西？"我问。"我来上班不久，老板就让我写客人接待流程，写增加手工体验、完善登山线路的意见。那时我只是个小管家，老板却经常问我事情，让我有什么想法都说出来。我不得不努力思考。老板很善于倾听。后来我发现，有些事情，就是按我的意见去做的，给民宿带来了变化，这让我很开心，感觉在这里有价值。再比如，老板规定房间销售出去就有个人提成，不拿死工资……这些，都让我很开窍，所以我和员工打交道时，也学着这样做。"小梅停顿了一下，做了个"总结性发言"。

民宿情怀之九：热爱公益

在杭州最西边天目山麓的河桥古镇，有家名为"僻地寒楼"的民宿。女主人张雁告诉我："这个名称也可以倒过来，念成'楼寒地僻'。"在浙西那样一个偏僻的小山村，万能的高德导航居然"失灵"了。张雁驱车出来接我们时介绍："我和姐姐都是本地人，全家老的老，小的小，都在这里长大。这里乡风很好，我们有条件了，也想帮帮乡亲们。村里有两家民宿开起来后，我主动教他们学用沼气，既节约费

杭州临安河桥古镇“僻地寒楼”搭在树杈上的民宿

用，又使垃圾废物得到利用，夏天我们这里几乎没有苍蝇蚊子。”

我问：“帮助村民搞民宿，对你的业务有没有影响？”

张雁答：“自顾自搞不好民宿。产业链长了，才有更多机会。客人离开时都想带点土特产回去。送给他们，他们不好意思多拿，所以我就帮助他们到村民那里收购。村民的笋干、山核桃卖不掉，我帮他们介绍给客户，价格还高点。客人对民宿的风格需求不一样，民宿多了，客人可以选择，主人可以调剂，三岁到七十岁都可以找到喜欢的地方住……”

莫干山“后坞生活”男主人王旅长介绍说：“我是这一带第一家标志性民宿，带动了一群民宿发展。现在有的农户的民宿一年有七八十万元的收入。他们很信任我，我像这里的‘乡贤’。不能陪你们了，刚才污水管维修几个村民遇到点麻烦，他们请我去调节调节。”绍兴外来大学生创造的“生田社”业主肖磊谈到，刚进来时村民故意找麻烦，有“敌对心理”。他们就主动去和村民多聊天，用微信、活动和辅导农村电商等，帮助农民销售竹笋、鸡蛋、蓝莓和桃子，农民干活也主动过去帮着干。农民感到了年轻人的真诚和帮助，关系很快就融洽了。绍兴新昌外婆坑村“归园田居”上海人业主告诉我：“今年新茶上市，一个半月就帮村民卖掉了一千多斤茶叶。”

临安“相见茶舍”业主张育铭有个观点言浅意深：“民宿要先做事情，做好了再求政府帮助才方便。”他介绍说：“现在一些投资人把民宿越做越豪华，你五百万，我就六百万，他更高，七百万，这不是个办法。我们投不起，我们就利用山村资源搞开发，这里有茶叶，有山核桃。我们先搞茶评会，再搞音乐节，村里看到我们把各类人才和游客吸引过来了，旅游市场有点基础了，就愿意打造景区环境了，环村步道、停车场等都是政府后来投资的。我们最近又在修建伴手礼店、咖啡馆等，还想把村里老人的手工艺用起来……”

“公益”概念的大小，其实是相对的，文化和经济的分野，也是相对的。三人即成“众”，利他也利己，本是天经地义的。但说说容易，要做到，一定有某种思想观念或行为习惯支持。

莫干山国际旅游度假区管委会的沈耀腾副主任，给我讲了个当地发生的故事：“有一段时间，莫干山的布草洗涤公司只愿洗五星级酒店的床上用品，因为量大、方便。杭州来的‘量大的活’，他们也接。但对于莫干山民宿这种几个房间、东西少、分类麻烦的洗涤需求，不愿意接活。后来，干脆对这些小型民宿涨价。我召开座谈会，代表政府找他们谈，请他们帮助莫干山的民宿，说了没用，他们强调自己如何如何困难。后来没办法，莫干山几个民宿业主商量，咬咬牙自己成立了洗涤

和莫干山国际旅游度假区管委会副主任沈耀腾交流

公司，为小型民宿提供洗涤服务。不肯接活的洗涤公司这才开始‘讨饶’。民宿企业的同帮互助，可以解决政府解决不了的问题。”他意犹未尽地介绍说：“莫干山的一些民宿很‘抱团’，定期搞活动，各自发挥特长。庙前村还成立了旅游公司，村里出资当大股东，抱团出资搞特色旅游小镇，搞基础配套，搞产业规划……”

浙江省文化和旅游厅副厅长杨建武在解释评定“金宿”的理念时，给我分析道：“一家民宿应该是一面旗帜。要做环境，要追求环境内外的和谐；要做文化，民宿肩负着弘扬当地文化的任务。要重公共服务，每家民宿的自我服务能力我不担心，我强调的是公共服务，能不能配合当地党委、政府提供一些配套公共服务，比如一般购物、电视信号、交通设施、上山步行道等。要重视带动，能不能带动就业、带动当地老百姓致富？有多少农产品因为你的民宿带动得到更好发展？给国家税收多少？多少老百姓因为你的引导也开设了民宿？……”

民宿与民俗

民宿是为来乡村旅游的人准备的，民俗体验是乡村旅游的特色和经典。一家民宿如果不和地域的、本真的乡俗文化结合，就可能是一个没有灵魂的空壳，或是一个按部就班的标准化宾馆。融入民俗风情的民宿，才有品位，才对城里人有本色本真的吸引。

一、民宿、民俗与乡愁文化

民宿，乡愁的驿站

中国人有浓厚的故土情结。“举头望明月，低头思故乡”，故乡的山山水水，总是在某个有月亮的晚上，朦朦胧胧出现在脑海中，令人魂牵梦萦。中国人安土重迁，因受农耕文化影响，在精神世界里，乡愁就好像诗人席慕蓉的诗中所写，“是一棵没有年轮的树，永不老去”。

乡愁，是古人怀念故土的情怀。但到了现代社会，交通发达，要解决思乡之情，只需一张车票、船票或机票，只需几个小时的高铁或飞机路程，不考虑费用的话，最多一天就能返乡了。可似乎是一夜之间，玩泥巴、打猪草的小屁孩，变成了住在高楼大厦、西装革履的城市白领，童年时肆意地在泥巴地里玩耍、无拘无束在田间打闹的乡村生活，却无处可寻了，都变成了乡愁。

乡愁，从民俗学的角度，说得更准确点，是中国人的一次“生活革命”。流进大部分中国人血液里的乡愁，是对从古至今田园生活的一种情怀和眷恋。“梅子金黄杏子肥，麦花雪白菜花稀。日长篱落无人过，惟有蜻蜓蛱蝶飞。”在乡村里，旁听远近鸡鸣狗叫，侧看庄稼潜滋暗长，清明时节赏桃花，喝点杏花村小酒，再到一两户人家里做个客，体验一回青梅煮酒，感受一下“开轩面场圃，把酒话桑麻。待到重阳日，还来就菊花”的主客情谊，回味隽永。

民宿，大多坐落在好山好水的乡间，与普通的农居相比，在建筑外观、住宿餐饮和特色服务上，一般会有相对较好的品质，吸引着前来旅游的城市人。江南富庶，工作辛苦，城里人最爱到周边的乡村寻觅好山好水，每逢周末，在美丽乡村常看到驾车前来入住民宿的游客。乡村是寄存回忆的客栈，是消解乡愁最好的驿站。

民俗，乡愁的基调

入住一间心仪的民宿，在云雾缭绕中，沿着碎石小径拾级而上，推开栅栏，听一听山间鸟啼，赏一赏山间杜鹃，掬一捧清泉，是多畅快心意的休闲活动。只是，单纯体验好山好水好空气久了，如果没有一些有意思的民俗活动，会让人觉得旅途缺了点什么。乡愁，是复杂的情感料理。民俗，是乡愁的怀旧基调。

在乡村，一道菜，一个农具，又或是一个儿时常玩的游戏，一场隆重的传统节日活动，总会勾起人们儿时的回忆和对故乡的思念。现代

“生活革命”的一个方向，就是怀旧。那些在城市里难觅踪影，只有在农村还能够见到的器物、服饰、祠堂、戏台、礼仪、婚俗、游戏等，都能让人们在瞬间穿越时空，与消失于天地间的先人在对话。

钱塘江流域的民俗

民俗，包含的范围很广，服饰、饮食、建筑、婚庆、节日、祭祀信仰、民间艺术等，都和民俗有涉。它发自人类社会群居生活的需要，是世俗百姓生活的礼仪规范。《诗经》就描绘了西周初年到春秋中叶时古代人民的民俗生活。民俗还和地理环境有关系，俗话说，“十里不同音，百里不同俗”，随着地理位置的变化，各地民俗也呈现出丰富多彩的地域风貌。

秦岭—淮河往北，丘陵和高山蜿蜒，水田少旱地多，盛产小麦、高粱、玉米，在饮食上与江南鱼米之乡有很多习惯、做派上的差异。西北地区多草原和荒漠，畜牧业为主要产业，游牧民族的蒙古包和马背上的文化，彪悍的民风民俗与江南的小桥流水的雅趣，也风格迥异。

古钱塘江流域一带的民风民俗，以江为界，形成了浙东文化和浙西文化。浙东群山环绕，宁绍平原的黄土地和金衢盆地传承着古越文化；浙西水网密布，湖泊河流阡陌纵横，杭嘉湖平原与太湖流域一带分享着古吴文化。在钱塘江流域，沿着山区和周边地带，还有少量的闽赣徽文化，以及一些少数民族如畲族的文化。无论是在方言、饮食、节日、婚丧嫁娶方面，还是在民宿建筑风格、可供体验的民俗文化活动方面，都有较大的不同。

二、民宿中的民俗

饮食民俗与民宿

中国人素来讲究“吃”，饮食文化具有鲜明的地域特色。食物的烹制方法，对待饮食的态度，也表明了一家民宿的文化精神。开民宿，需要情怀引客，更要厨艺留人，食物能体现出民宿的特色和业主的热情。如何让那些吃够美味佳肴的城里人爱上民宿业主的家常菜？食材新鲜有机，讲究火候和地道口味是关键。

杭州西湖边有一家叫“鸟山鸣”的民宿，三层小楼，白墙黑瓦，以鸟为主题。业主的私房菜，融合了杭州本帮菜与西式餐饮的特色。游客

杭州“鸟山鸣”民宿

来到这里，春天可以品尝清香的槐花芝士，清明时可以点一道老龙井茶香猪排补补气，夏日喝一碗荷花粥消消暑，秋天还可以品尝到桂花黑松露制作的奶油蘑菇汤，而无论什么时节，均能喝一碗由虎跑泉水酿制的米酒。清幽的环境，富有创新特色的杭帮菜餐饮，让人流连忘返。

富阳龙门古镇附近的民宿村，背靠孙权故里，面朝龙门群山，开门就可欣赏“守拙归园田”的田园佳境，推窗就能进入“依依墟里烟”的悠然画卷，一大批民宿应运而生，家家都有自己的拿手饮食绝活。“尚古小筑”民宿的女主人，烧得一手富阳特色菜肴，有秘制烤鸭、麦塌饼、米酒、乌米饭、鱼头煲……都令人赞不绝口，口有余香。

杭州的青芝坞民宿，更是以餐饮吸引了来自各地的游客。这里的餐饮风格多样，常常出新。“同龄阁”由三个年龄相仿的“80后”小伙儿

杭州青芝坞的“同龄阁”餐厅

合伙开办，主打杭帮菜，江南红烧肉、家烧千岛湖鱼头、蒸肉饼、杭三鲜、三鲜包子等，采用的都是杭州老底子的湖羊酱油和老杭州的烧法，味道让人难以忘怀。

游艺民俗与民宿

一幢民宿，可以反映家族的历史，也可以是地方文化的一个缩影。人们除了在入住和餐饮中体验家的温馨、排遣乡愁外，还能体验到什么民俗游乐项目，对游客来说很重要。从钱塘江文化研究会民宿研究的调查数据来看，游客对民宿最满意的是在大自然中接触到田园风光和农家特色菜，分别占到66.8%和52.07%，但在乡村民俗活动上的满意度较低，只有18.46%。

没有游艺项目的民宿，就像一个徒有美丽外表，但缺乏活力的人。斗鸡、扑蝶、看萤火虫、泥地足球、开心农场游戏等乡村体验项目，在民宿经营中都要有所考虑和选择。如果毗邻景区或生态农场，民宿业主就得了天时地利，可以自在地当个导游，帮忙推荐旅游线路。千岛湖屏门乡的民宿附近，有生态草莓采摘园、瀑布群、漂流、露营基地等风景区，游客来到这里，除了吃住，玩兴可以得到极大的调动。

杭州余杭有一家民宿叫“油纸伞之家”，民宿主人是继承了祖辈油纸伞“非遗”工艺的年轻人。入住的游客不仅能够欣赏田园诗意生活，还能在一座被油纸伞包围的山间民宿中，体验油纸伞的制作工艺，参观油纸伞展区，感受油纸伞中的江南温婉，体验“非遗”工艺的文化魅力。

杭州灵隐白乐桥附近有一家叫“那天”的民宿，民宿业主无意间发现了蓝染的美，于是辞掉工作，开始跟着老手艺人学习蓝染技术，后来

杭州“那天”民宿

开了民宿。在民宿里，目之所及都是蓝染艺术作品，来的游客可以在这里学习做做烘焙、喝喝咖啡，还可以和民宿业主一起制作蓝染布品，分享交流蓝染技术，既可以增加情趣，又增加了对传统文化的了解。

节庆民俗与民宿

民宿的发展和营销离不开节庆活动，特别是具有特色和规模的民俗节庆活动。有趣的节庆活动能丰富游客的体验，让他们感受地域文化生活。钱塘江流域的民俗文化节庆活动，比较大型且知名的，有钱塘江观潮节、兰亭书法节、西塘庙会、湖州含山蚕花节、西湖国际博览会等等。这些大型的民俗节庆活动，带动了各地民宿游客量的增加。为了突出当地特色，不少乡村还举办起自己的民俗活动，如以丰收庆祝、祭祀、春节年味为主题的节庆活动，为民宿带来了不少客流。

富阳龙门镇每年举行大量的民俗活动，百花节、美食节、民俗风情节是其中的翘楚，通过吸引游客来赏花休闲和品尝美食文化，激活了古镇的文化基因，丰富了游客的体验。在民俗文化节期间，古镇会举行一系列的庙会活动，举办盛大的龙门孙氏秋祭大礼。每一年，来自各地的数百位孙氏宗亲身着汉服，重走祖先的祭拜路线，最后到宗祠大门前，全体族人一起聆听宗祠祭祀规定。游客们可以观看孙氏宗亲们上香、跪拜、献祭品、读祭文、念家训、祈福等祭祀活动，感受龙门古镇深厚的吴文化魅力。民俗节的活动内容，还包括不少当地的传统项目，如掏牛锅、汉服巡街、跳魁星、跳竹马等；剪纸、雕刻、皮影等传统“非遗”项目，也创新加入了现代版的游艺活动；又可以参与三国英雄COSPLAY秀，与同伴一起打打电竞的王者荣耀城市赛；还可以拿起手机拍“抖音”视频，试试做“网红”；另外，还有丰富

春节期间的民宿到处都是腊肉和其他美食

的文创美食集市等项目。

春节前后是民宿业的客流高峰期。春节，作为最为传统的民俗活动，是各地民宿业争相挖掘的一个民俗资源，“年味”是各地民宿业的主要卖点。在春节期间，古镇民宿、乡村民宿会提供各种各样好玩的民俗活动，吸引游客的注意力。

余杭塘栖古镇在过年时会推出打年糕、做米塑、看皮影戏等游乐项目；安昌古镇也把自己传统的师爷文化、书法文化与民俗和美食结合，打出了“风情江南　年味安昌”的“腊月风情节”品牌；临安的春节带有浓郁的浙西区域文化色彩，以民间绘画、民间故事、根艺、石雕、民歌、灯彩、耕织、竹编等艺术形式来吸引游客参观和入住民宿。乌镇在过年期间，除了到处都有鲜艳的红灯笼、红对联、水上花灯外，还有专门的民俗展厅和民俗大狂欢，让游客在斑驳交错、粉墙黛瓦的古巷中尽享古代江南的味道。

嘉兴乌镇春节期间的民俗展厅

三、民俗的衰落、传承和共生

民俗衰落之痛

民宿的兴起，是乡愁的一次“生活革命”，是对民俗文化生命力的一次检验。传统的农耕社会，民俗文化受到农事祭祀、宗教信仰、神话传说和当政者的影响，比较重视人与自然的和谐。随着现代社会人们对理性的崇尚、对科技的热爱，以及消费主义的流行，许多与传统农事有关的民俗活动和乡村生活渐行渐远，变成了“非物质文化遗产”，被永久地保存在博物馆里，供人们观瞻。那些被“挖掘”出来的民俗，也多少有些雷同，如打年糕、贴窗花、捏糖人、观花灯等等，随处可见，大同小异，真正富有当地特色的民俗文化却越来越少了。即便是在畲族自

治乡，民俗文化也在衰落。桐庐莪山畲族乡的一位畲族的民宿业主表示：“畲族现在和汉族也差不多。”他家的民宿除了在建筑外墙上增加了一点畲族的图案之外，建筑造型、家里的陈设与普通汉族的农村别墅没什么两样。不过，为了能够吸引更多的游客，他打算模仿一下其他的畲族民宿，给自己的民宿增加一点畲族的特色。

民宿，民俗新的传承空间

民宿是中国乡村民居功能演化和发展的产物。民宿的建筑本身就传承了当地的民风民俗，是乡村文化空间的日常生活再现，是乡村生活场景的再造和重构。村子、院子、房子，这三重空间，包含了民俗中的生产空间、生活空间、信仰空间、公共空间和自然空间。民宿是业主有意识对民俗活动进行再造的空间，反映出业主心中的民俗观念，是民俗传承的生活空间和信仰空间。

振兴乡村旅游，就要让民宿成为民俗新的传承空间。近几年，发展民宿中，许多商家提出“住民宿赏民俗”的发展思路。一些经过改造的古建筑，在民俗介入后确实火了一阵。但真正要让民俗可赏，让民俗传承下去，需要找到民宿和民俗的结合的空间维度、生活维度和美学维度。毕竟，到乡村休闲度假的人，主要是来体验怀旧乡愁的。

究竟是在繁花似锦的小院子里摆几张大桌，烧几个农家菜，来一次举杯邀明月的乡绅聚会？还是邀上村里的人，每家带上几个拿手菜，摆个百家宴，来一次小镇狂欢？又或是发起

几个新鲜有趣的乡村农事项目，让游客能够在乡村里好好地玩一把？民宿与民俗之间的互动，不仅是对民宿业主和小镇集体的民俗创意能力的考验，还是对民宿所在村镇文化底蕴挖掘、提炼和再造能力的考验。

民宿与民俗的两种共生模式

在钱塘江流域，民宿业发展影响最大的地方当属德清莫干山的民宿，也有后来居上、发展迅速的临安民宿、桐庐民宿、乌镇民宿、松阳民宿等。但并不是所有的民宿和民俗都能水乳交融、相得益彰。与民俗结合较好的民宿，大多都在古镇旅游景区。古镇旅游景区靠民俗来算精明账，将可开发的民间故事、歌舞、竞技、游戏、戏曲、杂技与本地的地域特色、民族特色和季节优势结合，让游客不虚此行。精明的民宿业主，则靠富有特色的民间餐饮和热情的店家服务，指望游客留下来多住一晚。

从民宿和民俗的共生发展来看，可以分为依赖型模式和开发型模式。依赖型模式主要依靠的是民宿当地的民俗旅游资源。依靠古镇的民宿有得天独厚的优势，逢年过节总有各种花样的民俗活动集中在景区，春节的舞龙舞狮会、庙会、元宵节灯会、端午节赛龙舟等，一年四季二十四个节气，总能不断地吸引不同的游客。依靠山水资源开发的民宿，民俗发展显得难度大些，主要依靠当地的特色餐饮、土产、祭祀、礼仪等活动吸引游客。例如在浙西有的地方，对待至亲好友和贵宾有上“三遍茶”的习俗：第一道茶是绿茶，叫“清身茶”；第二道

杭州建德下涯村的民宿，与乡村风情融为一体

茶是冻米茶，叫“暖身茶”；第三道茶是长寿面，叫“平安茶”。开发型模式主要以自主开发或合作开发民俗来吸引游客，如在时令季节进行蔬菜水果的采摘体验、采茶制茶、捉泥鳅、钓鱼、园林花艺等——这都需要民宿业主从客人的喜好出发，找到可以和本地农桑民俗结合的载体。优秀的民宿业主善于制造机会，让游客参与到当地的民俗制作中，体验一下“桂花香馅裹胡桃，江米如珠井水淘”的乐趣。

四、民宿与民俗的相生相长

民宿与乡村旅游相互成就，民宿与民俗更是密不可分，是民俗枝头开出的一枝花。受到市场消费的驱使，有的民宿开始脱离本地的文化与民风民俗，以特殊的造型、异质的文化来吸引眼球，结果和本地的风土人情显得有些格格不入。总体而言，钱塘江流域各地的民宿业，对民俗文化开发利用的程度还比较低，在民俗文化的经营和推广上季节性不够均衡。

2017年，国家旅游局正式批准颁布《旅游民宿基本要求与评价》。关于民宿的概念，其指出，旅游民宿是利用当地闲置资源，民宿主人参与接待，为游客提供体验当地自然、文化与生产生活方式的小型住宿设施；民宿主人要传承保护地域文化，传播优秀地方文化，促进地方经济、社会、文化的发展。

民宿是活的民俗。民宿业主要提供给游客的除了当地的民俗文化外，还要对当地的民俗活动积极创新，可以借助乡村振兴和乡村建设，把农村不好的习俗和传统改变过来。可以设计当地人和游客都喜闻乐见的体育、竞技或游戏，及时根据市场变化和游客的需要，调整体验项目，不断增加游客对乡村的深度体验。

民宿要把民俗“设计”进经营活动中

民宿和民俗有某种依存关系，建筑设计、装饰设计时民俗元素的融入虽然重要，但唯有把乡村旅游和民俗体验最大限度地结合起来，让客人有机会体验到活体的民俗，民宿的意义才能充分体现。换个说法，一些城镇博物馆里的民俗，内容虽然丰富，但那是“提炼”出来、陈列其中的静态民俗。民宿，是为迎接到乡村旅游的客人应运而生的。在民宿体验里，挖笋、采茶、摘杨梅、割稻子之类的农事活动对很多城里人包括他们的孩子产生的影响，远比在城里博物馆参观柜子里陈列品所产生的，要强烈、深刻得多。如果能有本村本土老底子的小吃、饮品、土特产、手工艺、民间演艺等让客人品尝品鉴，那就是民宿带来的“独一份”的享受了，会给客人留下难忘的印象。在这个意义上，个体民宿经营者不能只埋头关心民宿日常的“柴米油盐”。注意平日和民宿业主的联络，踊跃参与民宿协会的活动，积极给镇村领导提提建设性意见，都有可能推动民俗活动大环境的营造和综合条件和改善。

创新餐饮民俗与民宿的合作推广模式

“绿蚁新醅酒，红泥小火炉。晚来天欲雪，能饮一杯无？”喝上几盅小酒，吃点农家土菜，围炉与朋友聊天谈心，几乎是每个乡村旅游者心中向往的画面。民宿业主中，藏着一些烹调高手，民宿在饮食上的开发，关键是把老一辈拿手的诸如干菜酥饼、蟹黄汤包、凉拌粉干、桂花糯米藕等具有浓郁地方特色的食品菜品，用有机食材进行到位的制作加工，不仅让菜肴色香味俱全，还能有一些“说法”，让人能讲出点故事，提高民宿饮食的文化内涵。临安旅游局开始尝试通过民宿餐饮来讲故事，在2018年夏天，向杭州推广由民宿业主亲自烧制的乡村宴席。十个村子，十家民宿，十桌乡村土菜，都采用当地食材，采用传统方法烧制，浓郁的临安乡村味道，吸引了大量的游客云集临安，一时间品美食、住民宿、游乡村，打响了临安的民宿品牌。

民宿业主合作发掘适合本地的民俗项目

对于周边没有古镇，缺乏民俗集聚资源展示的民宿聚集区，民宿业主可以联合起来，协同发掘适合本地开发的民俗项目。如不同的民宿业主，可以分别开发猜灯谜、捏糖人、捉迷藏、体验农具耕作、独轮车运输等，或结合当地“非遗”项目开发手工艺作坊体验活动，如陶艺坊、花艺坊、酒坊、制茶坊、豆腐坊、竹编坊、木雕坊、刺绣坊、手工编织坊、剪纸坊、铁匠铺、果核手链坊、腌制坊等，业主之间达成协议，共建共享，共同推进乡村民俗民风的建设。

每年都有十几家千岛湖里商乡的民宿业主参与年味节，请老艺人现场舞起仁灯，写春联，打年糕，吃年猪肉饭；还把开幕式也放到民宿客栈里举行，联手各家民宿，加强了民宿业主对本地民俗的重视，提高了他们的积极性。游客白天可以在客栈里玩赏民俗活动，晚上还可以住在特色的民宿中，深度感受里商的民俗，做到了“住民宿赏民俗”。

最大化体现本地、本族、本家的特色

民宿里的每一位业主，或多或少，都有自己的故事，有的还对本地的历史典故、姓氏渊源、祖上传说等耳熟能详。问题在于，怎样做到把本地、本族、本家的民俗特色最大化地挖掘和体现出来。不少游客在体验特色的时候，实际上是带着审美的需求来看民俗的，在民俗的呈现上就要最大限度地表现出最好的特色。

临安有一家凤巢畲家民宿，重视通过庭院的设计、选材、特色元素的运用，来体现浓郁的畲族文化风情。畲家门头、木头、石墙在室内广为使用，庭院内挖有池塘，沿塘边建有畲家特色的半月式长廊，树下地上铺有原生态的石片。这里的长桌宴摆满畲族的特色食物，畲家山哈酒浓郁爽口，好运的游客还可以听到畲家的山歌。季节合适的时候，还可有机会欣赏到畲族婚嫁表演。住客不仅能体验畲族文化，也能从中感受到主人对畲族文化的自豪。

富阳龙门古镇附近民宿区有一家“尚古小筑”民宿，主人有着显赫的家世，身为孙权第六十代裔孙，他以古玩收藏为雅兴，从全国各地收藏和保存了不少与孙氏家族有关的资料。这座以明清建筑为主体的民

宿，庭院里栽种罗汉松、铺设青石板路，还有老石狮、经幢和青花瓷自制的院墙，假山园林、石库门等，传递出与古镇相匹配的古典美。大厅的老家具、书台、博古架、古玩字画、文房雅玩以及与孙氏有关的丰富资料，可以加深游客对龙门古镇孙氏故里的认识。

和村民一起营造民俗氛围

民俗的开发，除了民宿业主自己重视挖掘和运用外，很大程度上要依赖民宿所在村民俗环境的建设。对农村公共空间的改造，应该成为民俗氛围营造最重要的一部分。场院、集市、水井（塘）边、寺庙、戏台、祠堂、茶馆、村头林荫树下等，都是农村人公共的乡村生活空间，是民俗的展示地，需要有人关心和通盘考虑。

一些代表村落的民俗文化活动，是民宿业主应积极参与的环境营造安排。长兴方岩村把自身的民俗当作宝贝来开发，来到村里的人，可以体验岕里婚庆，欣赏村里的茶艺表演，品尝当地的茶，听听地方戏，还可以骑着骡子到村子里四处参观。游客还可以参与当地的特色美食，如麦芽糖、花团子等的制作。民俗文化从整体上增加了乡村民宿对游客的吸引力，让本地风土人情的挖掘和传承与民宿对游客的吸引力形成了良性循环。

一些外来的民宿业主有很强的民宿经营头脑，但缺乏与本地村民的深度合作。外来民宿业主，需要本地居民在民俗活动上的合作和支持。绍兴的“若耶山居”民宿，是建在高山上的高端民宿，餐饮和服务的品质较高。除了每天要提供当地最新鲜的食材给客人，还会赠送给入住宾客具有本地特色的霉干菜、臭豆腐、鸡蛋、茶叶等作为伴手礼。此外，和当地种植大户建立固定业务联系，租用土地返聘农户种菜，尽量雇用

杭州富阳龙门古镇的“尚古小筑”民宿

绍兴“若耶山居”民宿餐厅

当地村嫂村姑甚至残疾人在民宿上班，对当地农产品进行深加工和民俗化包装，努力为村民多做好事，参与乡村各种节庆活动和民俗风情，他们自然就容易融入了。

民宿的建筑风格

建筑不仅是个人记忆和情感的载体，也是人类集体记忆的储存空间。民宿建筑是民宿业主情怀的容器。民宿建筑的造型、风格、装饰等，诉说着主人的故事，也像老朋友，等待着前来入住的旅行者去品读和理解。

一、民宿依赖优质建筑环境

枕山眠水，民宿营造旅行的诗情画意

民宿，相对于普通的民居建筑，总给人某种向往。探访或入住民宿，会带有某种期望。住的庭院可优雅？睡的床榻可舒适？吃的食物可爽口？窗外风光可旖旎？每一个细节，其实都会影响到旅行者的感觉。

民宿，好像是心灵里渴望的另一个理想中的家。它在尘世之间，却又不在自己的世界之中。在某种意义上，它寄托着一些旅行者乌托邦式的家的幻想。

人的幻想总是始于视觉。从视觉意义上来说，民宿的建筑风格，是

杭州满觉陇一带的新潮民宿

民宿吸引旅行者到访的第一诱因。无论是度假，还是偶尔经停，人们第一眼，总会被民宿的外观吸引。

美丽的民宿，大都有一个好的“出生地”。大多数精品民宿都选址在有山或有水的优美风景区附近，以水光潋滟、山色空蒙、采菊东篱、悠然南山的诗韵，来招徕游客。就算在古镇里，民宿也必定是傍水而建，深宅大院的屋脊高高露出，沿河的街牌骑楼中遍植花木，密密匝匝。用“小楼一夜听春雨，深巷明朝卖杏花”的极闲恬静，吸引游客的注意。真山、真水、真美的自然环境，是民宿吸引游客的一大亮点。

钱塘江流域的民宿，沿着山脉、水脉、古镇三“文脉”，与当地山水人文相映成趣，成为山水旅游的点睛之笔。从建筑审美上来看，山水之灵韵，非遇民宿的亭台楼榭，不足以尽其妙；古镇之人文，非遇民宿

杭州富阳龙门古镇民宿示范村

的雕栏画栋，不足以道其厚。沿山一带，民宿发展得都不错，其中又以德清莫干山，临安天目山、大明山，桐庐的桐君山和杭州的玉皇山脉一带为最热闹。滨水的民宿，自不用说，以西湖、富春江、千岛湖的民宿最为争奇斗艳。古镇的民宿业一直比较繁荣，尤以乌镇、西塘、南浔为最，龙门、安昌紧随其后。

民宿建筑群，提升景区品质的风景线

钱塘江流域的民宿沾了绿水青山的光，在休闲产业和乡村振兴的大发展下，走进大众游客的视野。民宿脱胎于民居，从当地的农家乐起步，脑子活络的业主们紧跟着休闲旅游的升级，开始新一轮的民宿改造。一家又一家，一村又一村，从农家乐逐步升级到中档、精品民宿，

慢慢形成了一道独特的风景，悄悄改变着城乡旅游的风景。

西湖景区一带，民宿林立，竞争激烈。青芝坞民宿，临近植物园。白居易笔下曾有“湛湛玉泉色，悠悠浮云身”的诗画意境，但在2013年以前，这里一直处于农家乐阶段。

为了恢复青芝坞诗画江南的千年古韵，打造江南风韵的休闲慢生活旅游特色街区，2013年，政府相关部门对青芝坞进行了建筑环境整体改造。在入口处增加了青柳塘曲桥、亭廊、荷花池、景观驳坎、临水平台等细节景观，重新对原来的餐饮和二三十家民宿进行了运营调整。

旧貌换新颜后的青芝坞，绿植遍地，白墙黑瓦，小清新又别致的庭

杭州青芝坞的民宿

杭州临安“龙门秘境”民宿

院一家连着一家，花草藤蔓恣意盛开，有点日本忍野八海的干净淳朴。背靠浙江大学和植物园，在这里，喝喝茶、晒晒太阳、吃点时尚或本土的小菜、逛逛时尚艺术小店，住住特色民宿，会勾起人们的文艺情怀，使他们恋恋不舍。

再往远点去，在有“富春小瀛洲”美称的桐庐芦茨湾，一大片一大片的民宿在富春江和一弯青山中独具特色。顺山势沿湾前行，很多农家或自己开发或依靠租客，在把住宅改成民宿、咖啡馆、艺术馆或主题餐饮店。白天溪流淙淙，晚上灯光灿烂，民宿的建筑轮廓与暖暖的灯火、幽幽的青山相映衬，抬头还可以看见北斗星和银河，不禁令人想起“无声诗兴有声画，须在桐庐江上寻”的古诗佳句。

还有一些有创意的民宿业主，沿着山脊，错落有致地建起了树屋，远远望去，就像是从山上生长出来的建筑，与山景融为一体。绍兴的“若耶山居”民宿，坐落在若耶山上，四周被云海、林海、茶海围绕，业主沿着山坡建了夯土圆屋、山居木屋、湖景树屋、亲子树屋、阁楼树屋等七种

左图：杭州富阳龙门古镇民宿是改造后的徽派建筑
右图：杭州富阳龙门古镇附近“尚古小筑”民宿的门头

类型的树屋。从下到上，逐级上升，树冠在客房阳台的旁边，最高处的树屋还可以俯瞰会稽湖和金渔湾。这里的树屋已成为当地一道独特的风景。

二、民宿建筑设计上的四种主流风格

寻访适意的民宿，需要一点踏雪寻梅的雅兴，最好还有一点对建筑文化的兴趣，否则，只是宅在床上刷手机，便失去了入住民宿的一半乐趣。

钱塘江流域的民宿，有大量不同的风格类型，但传统上还是以徽派建筑为主，门头、庭院、亭台楼榭、屋顶、窗、廊、栏杆等都有着特殊的文化意蕴。不过，完全传统的建筑正在一步步的改变。大部分民宿建筑改造后只是保留了一部分徽派建筑的骨架和元素，缺乏更深刻的传统文化的含义了。

从生活中的现有民宿看，已经很难把民宿分出纯粹的类型，“混搭风”已广为流行。不过，从建筑外观的主体风格上，还是大致可以分为传统和现代两种导向。具体再归类，又可以分为四个主要的风格系列：中国风系列、极简风系列、工业风系列和混搭风系列。其中以中国风系列的民宿最为流行，占据了民宿的大半壁江山。

中国风系列民宿

这些民宿大多是在原来建筑的基本结构上，增加了中国传统文化的特色元素，在庭院设计、家具布置上搭配中国传统风格的器物呼应。这些民宿，多以明清江南的民居建筑风格为主，白墙黑瓦、精雕细刻的门

杭州灵隐白乐桥“禅和源”民宿

杭州玉皇山附近的“乐言居”民宿房间内景

墙，丛林碧水的园林设计，让中国传统文化的中庸之道、老庄文化、禅宗文化等渗透在民宿设计的细节之中。这类民宿在风格上比较重视细节情趣的营造，抬头可见雅致的中式灯盏，低头入目的是鹅卵石小径或干净的石板路。庭园内遍是绿植和花朵，充足的阳光和宽敞的空间，让人可以惬意地喝茶聊天，享受大自然。

极简风系列民宿

从外观上看，这种风格比较简洁，贴近自然，重视家庭温馨感的营造，又可以分为日式与北欧风格等。日式风格的民宿，在建筑和内部陈设上崇尚日本民居的简洁风格，以原木的装修风格为多，注重日式情趣的营造，较少有华丽的装饰，房间小而温馨。在内部陈设上，通过花艺、茶道、榻榻米体现了日式的精巧细致。北欧风格的民宿，以亲近自然、简单舒适来招徕旅行者。这种风格的民宿包容性比较强，东西风格兼收并蓄，在浙江的民宿中应用比较普遍，尤其是在内部的装修上。

工业风系列民宿

这种风格主要是在工业旧房基础上或根据建筑物特点，把房舍打造成带有工业感的民宿。这种民宿少了一些家的温馨，多了一些现代气

杭州玉皇山附近的“乐言居”民宿外观

息。在外观上，以黑白灰色系为主，筑有铁艺装饰、砖墙、水泥墙，给人冷峻、内敛的感觉；内部采用水泥地、铁艺床等，带有厚重冷凝的风格。桐庐芦茨湾有一家名叫“岩朵”的轻工业风民宿。在改造前，建筑外观上像一家小企业作坊。改造后，粗糙的砖墙，裸露的管线，和工业风相合的铁质家具，使这家民宿在同类的民宿中，显现出独特的气质。

混搭风系列民宿

混搭风类型的民宿，在钱塘江流域的民宿中比较常见。混搭风主要是中国风和欧美风混搭、现代风与古风混搭、多种风格混搭三种类型。美式随性粗犷，法式悠闲小资，韩式甜美淡雅。现代风比较崇尚简洁自然，古风则比较繁复，重视文化意蕴。大部分民宿在建筑的外观上，保留着原始民居的框架结构和建筑线条，但在内部的陈设上，又大多采用了混搭的风格。在混搭风系列中，比较得体的民宿，基本上都做到了中西结合以及自然环境与人文环境融合。杭州的“舍南北酒店”、“小隐西湖”民宿、莫干山的“居图”民宿等，都为混搭风系列，且特色鲜明。

杭州满觉陇的“小隐西湖”民宿

杭州“五行瑜伽”民宿的灵修室

三、游客的体验依赖于主人的情怀

修行的情怀

与友人到杭州灵隐寺附近的白乐桥走一走，这里松涛阵阵，小溪潺潺，民宿挤挤挨挨的，随处可见。这里的民宿规模大小不一，总体风格偏向中国风。路遇“素食·环保·行走中国活动”发起人，素食主义的践行者和艺术家马绰先生，他将在“五行瑜伽”民宿举行一个素食主义活动讲座。抱着好奇，我们来到了“五行瑜伽”。

“五行瑜伽”的女主人是国内瑜伽资深老师，十年前租下了这幢三层的小楼，起初用作瑜伽服装展示和练习的场地。2014年，转型做瑜伽

“五行瑜伽”民宿的客房

“五行瑜伽”民宿主人接受访谈

特色民宿，开设一系列的修身瑜伽课程。她的本意，是建一个纯净的能量场来修行，让热爱瑜伽的人到这里交流，让城市里疲劳的人体验回归到内心世界宁静的状态。

主人对整幢小楼进行了纯环保的改造，配置了五行相应色系的家具，布置了印式、中式、日式、金玉满堂等风格的九间房，墙面和室内装饰了与瑜伽、佛学、茶道、花道、香道、古琴等相关的饰物。

雅致的情怀

有着雅致情怀的民宿，一般在意境上胜人一筹。通过曲径通幽、步移景异、素韵留白、雅室香沉的空间设计和器物摆设，将主人优雅的情怀融入生活。

与杭州灵隐寺和法云安缦毗邻的“隐竺别院”，是一间以“禅居”为主题的雅致民宿。它的外观以江南民居的徽派风格为主，在内部房间的布置上采用了中日混搭风格，以古风遗韵为特色，设计了别雅庭院房、别致晓竹房、别静廊台房三个不同风格的房间。每个客房在室外都分别设计了不同的庭院景观，尤其把竹韵发挥到了极致。休闲茶室“隐竺茶寮”，也采用了日式建筑的风格，简洁、静寂、单纯、沉着的古朴色调，给人淡泊宁静、清新脱俗的心灵触动。

名叫“咖啡”的掌柜颇有文人雅致，以“春事、夏虫、秋桂、冬炉”的主题，一年四季为入住的游客举行雅集活动。春事，采茶制茶，迎春品茶；夏虫，6月下旬到7月下旬，在溪边看萤火虫，吃流水素面；秋桂，采桂花，制桂花红茶；冬炉，烤炭火、烤橘子，写福字、迎新年。天气好的时候，还组织游客一起去西湖泛舟，遇到游客生日，一起为游客庆生。把唐诗宋词的节气之美、诗情画意的岁时雅趣都运用到了民宿的经营中，既让主人的文化情怀得以释放，又让游客欣赏到了最美的杭州四季。

田园的情怀

有的主人有田园情怀，希望呼应周边有原生态的青山绿水，营造“绿树村边合，青山郭外斜。开轩面场圃，把酒话桑麻”的氛围。德清莫干山的“清境原舍”，原来是一个山间小学堂，经过改造，成了一间原生态的中式田园民宿。旅行者到达这里，可以在群山中呼吸新鲜空气，听竹声涛涛、小溪湍湍，不远处的村公所、竹编厂、茶场，又可以勾起人的某种联想，让人在田园山水里找到宁静。

还有的主人有欧式田园情怀，想把远方的风景带到身边。杭州的

杭州“隐竺别院”民宿的茶寮

杭州虎跑四眼井“茶香丽舍”民宿

“茶香丽舍”民宿，地处虎跑路的四眼井，三幢民宿连在一起。主人对原有民居进行改造，采用了欧式风格，外观极其漂亮，院子里种满了绿植和鲜花，有开阔的晒太阳和聊天的空间，还有一些鸭和鹅的小雕塑，营造了舒适休闲的氛围。房间内部则混搭了巴洛克风格，赋予有限空间以变化，开门即可欣赏到不同的风景。主人设计了花韵房、雅韵房、蝶韵房、山韵房和茶韵房。

异域的情怀

异域风情总会让人眼前一亮，有的主人热爱民族风，从各地搜集了民族风的饰物，为游客营造出不同的民族风情。杭州青芝坞一带的民宿，以江南中国风和日式简朴风的建筑风格为主，但有几家民宿业主在

杭州青芝坞“藏蓝驿”民宿房间内景

杭州青芝坞“藏蓝驿”民宿外观

建筑外观和装饰上，添加了主题元素，极易吸引游客的注意。一家名叫“藏蓝驿”的民宿，外墙围着一圈藏族的彩幡，店名的字体采用藏文风格，内部墙上挂着牛头，使用了藏族风格的瓷砖，十个房间装修风格各异，分别采用藏族的地名来命名，风格浓烈却雅致，将西湖的婉转与高原的神秘粗犷完美结合。

杭州青芝坞还有家叫“婳阁瓷音”的民宿，用瓷器装饰建筑外墙，将瓷器景观和茶文化融入瓷音楼的建筑里，内部装潢明丽典雅，二十二个客房用不同色系，具不同风采。室内进门的客厅，顶上挂着油纸伞，置物架上摆满了精致瓷器，屏风和沙发色彩艳丽，仿若一幅绚丽的油

杭州青芝坞“婳阁瓷音”民宿

画。房间的名称也带有小资情调，青花、玉璧、丹桂、绿苹、珐琅……令人产生无限期待和美的联想。

对见惯小桥流水人家的游客来说，地中海的异域风情也是十分令人向往的。一些民宿以地中海与中式风格混搭的异域风情来招揽游客。莫干山的“居图”民宿，在建筑外观上运用了地中海风格的蓝白颜色和线条，里面的大厅由大礼堂改造改成，设计得像一个带着咖啡馆的图书馆，十分有空间层次感。上到二楼的书墙书海中，有一种进入国家博物馆的庄严感。原本压抑的老礼堂，通过挑高后拿红砖砌成了高墙，加盖了木结构的屋顶，更多了暖心的感觉。屋内的陈设，用了大量中国传统

杭州白乐桥“小隐西湖”民宿

瓷器、琉璃和古剑，与地中海式的风格巧妙地融合在一起。

杭州西湖区白乐桥的“小隐西湖”民宿，青山绿水环绕，建筑外观是典型的浙派民居，内部选用了地中海风格，白色的楼梯、蓝白相间的摆件、多彩装饰瓷盘和飘窗的窗帘，向入住的游客描绘着一副美丽海景，制造着小桥流水背后的海洋浪漫。

四、民宿建筑的改造与提升

在民宿集中的村落游走，可以看到有的村民还在兴建和改造自家房子，努力赶上民宿的热潮。不过也会偶见几家歇业的民宿，因为运营不下去而关门大吉。

这几年民宿业发展迅速，建筑风格有较大的转变和升级，风格特色也逐渐多元化。即使是由农户业主自己经营的农家乐民宿，“颜值”也得到了较大的提升。中高端的精品民宿，由于一开始就有目标群体和风格定位，在建筑风格设计上由专业团队打造，建筑风格与外围环境、市场需要的匹配度自然更高。

不过，民宿不能一味迎合市场，不能盲目借鉴国外建筑传统，因为那样不仅会破坏乡村生态，也会给民宿业的长期发展带来后遗症。提高民宿业主的建筑审美品位，已是很紧迫的事情。

农家乐民宿的建筑风格问题

农家乐民宿的基本建筑结构，在装修为民宿之前，大部分都已经定型，多以农村别墅或排屋形式出现。它的优势之一，是大都有一个农家大院，便于游客活动，可以作为某些农事体验活动的场所。劣势主要是

杭州富阳龙门古镇附近的一家民宿内景

在美观程度、风格特色和舒适度上不足，缺乏较大的室内公共空间，外部景观、空间布局上的合理性不足。

农家乐民宿的业主主要是原来的农民，少数是农家子弟。由于审美眼光、运营能力的不足，他们多通过模仿或自己摸索来提高建筑装修水平。比如模仿中国风，就从园林艺术中的月门、栏杆、门头、窗花来做模仿，在室内陈设国画、书法、根雕、石头、兰草、红灯笼、佛像等作为点缀，混搭着各种市面上流行的物件，风格的和谐平衡较难把握。

富阳黄公望村、龙门古镇、桐庐芦茨湾的一些农家乐民宿，为了提高品位，农户在原有农村别墅基础上引入了中式传统建筑的元素，对屋顶、楼台、公共空间进行了田园化、乡土化的改造，增加了凉亭、花车、吊椅、灯笼、木质雕花门、中国式家具等，地上铺了鹅卵石，院内种植了鲜花、芦苇等植物，室内选用土布和竹麻等作为主要装饰材料。一些农家业主在室内摆放一些农耕用的器具、蓑衣、辣椒串、谷仓、酒坛等，一些甚至会放置兵马俑的复制品、虎皮大衣等，以此来烘托自家

民宿的“文化”氛围。

还有一些民宿业主模仿高档精品民宿的做派，对客房进行精品化改造。例如桐庐莪山畲族乡戴家山村，临近桐庐一指峡谷景区，山上聚集了一批精品民宿，而在山脚和山腰的一些农家乐畲族民宿业主，也在考虑农家乐民宿的“升级”。一家农家乐民宿业主表示：“我下一年也装修成和‘秘境’一样，他们现在（淡季）要五六百块，我们价格只要一二百。”当我问到改造成什么风格、准备投入多少、成本和收入测算过没有时，对方迟疑了一下，说“还没仔细考虑”。

中高端精品民宿的建筑风格问题

农家乐民宿向往成为精品民宿，但精品民宿并非完美无缺。一些村镇缺乏对民宿的发展认识和引导能力，对引进的外来投资的业主没有规范和管理，造成了民宿建筑风格的混乱以及对环境的破坏。

精品民宿多由建筑设计师操刀设计，风格清新，装修讲究，除了提供住宿之外，还有咖啡吧、书吧、酒吧、泳池、餐厅和较大的公共空间等配套设施及场地。有的以中国传统文化艺术为依托，专门为文人墨客提供创作、交流的平台；有的以收藏为主，专门吸引收藏界的朋友切磋交流；有的专门为疲倦的城市人提供品茗聊天休闲的场所，重在制造休闲田园的气氛。

虽然许多精品民宿坐落在好山好水之间，但在山水之间却显得有些突兀，建筑风格多半和外围环境格格不入，既不能体现民宿所在乡村的特色，又不能让乡村风情为精品民宿锦上添

杭州桐庐莪山乡“秘境”民宿

花。比如很多精品民宿把游泳池作为“标准配置”，游泳池在夏日也确实能给游客特别是儿童戏水带来方便和凉爽，但精美的瓷砖（或水泥）泳池、弧形的泳池线条、鲜艳的泳池护栏，和泳池边的农田、竹林、山地和植被等，都显得不够“搭调”。

中高端精品民宿的造价通常比较高，对入住人群的消费能力要求也就比较“高端”。中档民宿一般要五六百元一晚，高端民宿一千到两三千元一晚司空见惯。桐庐莪山畲族乡戴家山的半山上有一家叫“小熊堡”的民宿，全部采用石头砌成，犹如童话里的城堡，六个房间和一个院子、一座凉亭一起整体出租，住一晚的费用高达一万五千多元。

中西风格混搭的民宿

相对而言，中档精品民宿在市场上较受欢迎，也是农家乐民宿模仿的主要对象。为了迎合市场需要，中档民宿在建筑风格上混搭的水平较次，一般都“不土不洋”“不中不西”“不家不村”。杭州满觉陇一带的民宿，大都是20世纪八九十年代所建，不少带有明显的欧式风格。为了迎合市场，有的民宿特地重建了中式大门和栏杆；有的在门前放置石头门墩，种植了梅花等；有的还对门窗、屋檐进行了改造，增加了传统中国元素。由于改造多为东一点、西一块，没有总体设计和考虑，往往出现西式大玻璃窗和中式的窗格、西式罗马柱栏杆和中式硬山或歇山式大门并存的情况，显得不伦不类。

民宿建筑改造的建议

美学经济的到来，人们美学品位的提高，对民宿建筑的改造提出了一定要求。随着民宿的持续发展和更新改造，民宿必然要经历一个建筑风格的全新美学升级期。民宿的建筑设计，再不能盲目照搬城市酒店的那一套，可以把民宿聚集区作为新兴小镇，进行整体设计、规划和引导，但在改造和新建上，要注意抓住几个关键原则。

民宿建筑要重视设计感。有人说："设计上的节约，是最大程度上的浪费。"一些农户业主审美眼光有限，为了节约成本，什么都喜欢自己干，舍不得请设计师当参谋，而是根据自己喜好随意设计，看到什么样子流行就做成什么样子，当然就谈不上设计感。按照《国家旅游民宿评价标准》，建民宿需要掌握一些最常见最基础的技术"参数"，否则就不能进入"金宿""银宿"等的评价系列。在建筑环境改造上，院落必须在建筑红线之内；花园面积应与主体建筑面积相当；庭院面积不能少于主体建筑基底的二分之一；对于有地域特色的房间，辅助的围墙、大门风格上要能与总体的建筑风格协调；设计时一并考虑特色配套，有自助厨房、泳池、亲子乐园等。民宿只有重视设计，才能找到差异性。

民宿在改造上，一方面要尊重主人的情怀，另一方面也要根据原有的建筑特色，尽量多保留一些老房子的元素。老房子看上去破旧，却是乡土风情凝固成的符号，是岁月遗存下来的痕迹。老房子的框架、结构、材料和风格，和周围相邻的山水田园的关系，远比城里人看惯了的钢筋水泥建筑物要和谐得多。老房子的一切几乎都是宝，看似陈旧的木头、花窗和破败的家具，都是难以复制的塑造民宿风骨的珍宝。在用材上，可以尽量多使用能够融入大地的环保型建筑材料，如竹子、木板、石材、麻布、麻线等；在物件设计上，多考虑具有乡土元素、能够带来往日记忆的物件，如竹筒做的板凳、竹节做的灯具、箩筐做的吊灯等，包括现场设计、制作的家具陈设，也要尽量使用当地拆除的老木改制；还可以发挥民间老木工艺人的手工技艺，按照原来的木结构和雕花工艺，对家具进行修复，让其“复活”。总之，要用一种从事文化遗产修复工程的心态，努力使建筑形态回应人们对于“传统乡村”的想象。当然，传统农居中一些不合理的地方，是可以适当拆除或改造的，也可以融入一定的时尚元素，只要和传统民居格调和谐就好。

翻新重建要特别留意乡土气息的保留。民宿的舒适感当然很重要，那主要是针对设施设备而言的。由于有的老建筑年代过久，拆改的过程容易出现问题，已失去利用价值，需要翻新重建。翻建怎样做到融入原有环境、注入新的活力，对设计师、建筑师是个考验。除了建筑设计上注意和当地建筑总体风格相协调外，乡土气息的保留，更多要从空间结构、装饰配色、细节点缀等方面入手。比如，空间结构可以适当调整，如注意配置一些较大的公共空间，方便客人活动和交流；再如，要注意多种材料潜能的组合利用，尽量发挥材料的功效，将粗糙的硬质材料，在保留古朴本质的前提下，打造出现代光滑的质感；又如，尽量创造一些旧物新用、老木新花的氛围，如一部老电话、一个木质柜、一把藤编椅、一架旧屏风、一座上发条的小闹钟，都可以让人想起过往的岁月，让屋子有人文的沉淀；还如，不加修饰的一色白墙，暗色的木头家具，新开的红梅、蜡梅随意插在大大小小的瓶瓶罐罐里，营造出乡土氛围。

民宿建筑要能为本地的文化增彩。民宿的建筑设计，不能只追求个性。与当地景观和文化相呼应，能反映本地的文化特色，是最重要的总体要求。在乡村民宿的改造过程中，要尽可能保留原有的特质结构，融入当地的文化元素。乡村民宿的建筑，要通过新的建筑材料的应用，保护和还原经典建筑到更加健康的状态，让原汁原味的民宿重新成为当地乡土美学的代表。桐庐莪山乡戴家山村的有些民宿，改造装修得比较成功。尤其是对具有历史保护价值屋宅“戴家山8号”民宿外墙进行改造时，设计师在外立面上，将竹制表皮的颜色、质地与畲族土墙传统黄泥色相协调，与原有的村庄融为一体。与之相配套的先锋云夕图书馆，强化了畲乡建筑的木土性，将自然、历史、畲族建筑风格融为一体。走进这座民宿和图书馆，黄泥房还保留着经过百年岁月侵蚀的悠长余味，但木头门窗改变了原来的样子；土坯墙、瓦屋顶、老屋架的房屋和院落的建筑结构、空间秩序还照着原样，小溪庭院、层峦叠翠的山居生活被带入现代的民宿客房中，匠心独运地建立起游客与畲乡之间的情感联系。

桐庐莪山乡“戴家山8号”民宿

农家乐升级的文化砝码

“民宿”概念开始流行之后，人们把乡村外来投资的高端客栈称作民宿，由农民兴办的大众客栈继续被称为“农家乐”，最多拖个词缀叫“农家乐民宿”。“农家乐”这样一个既有中国乡村特点，又表达了能带给人快乐的特色名称，怎么就变成了低档服务的代名词，不太受人“待见”了呢？

一、农家乐民宿的“遗传特征”

出身“古代”，先天乡村基因

“农家乐”一词公认的最早出身，来自北宋诗人彭汝砺《鄱阳集》中“丰年谁及农家乐，老稚欢讴自涤场”的诗句。陆游是公认的古代诗歌里使用“农家乐”一词最多的文学家。不过古代诗人们的“农家乐”一词，主要是用来描述风调雨顺、五谷丰登的农家欢乐生活的。

“农家乐”成为中国乡村旅游的一种形式，始于20世纪80年代中后期。80年代后期，我出差到妈妈的老家成都，周末亲戚们陪我去参加成都郊区龙泉驿的桃花节，那种把农事活动、乡村风光、乡风民俗和休闲娱乐相结合的观光旅游方式，在后来的江苏、山东、浙江等地逐渐蔓延。那种方式的最初，是以“吃农家饭”为基本活动形式的，后来发展为“品农家菜，吃农家饭，住农家屋，干农家活，购农家物，享农家乐”，以及参与一些务农采摘、民间传统节庆活动等综合性的旅游观光方式。

规模不大，易有家庭氛围

农家乐的依托，是农户自家的房舍，一栋三四层高的小楼，通常也就拿得出六七个房间，有十间以上客房的情况较为少见。经营者以主人夫妇为主，忙时儿女、亲朋过来搭把手。户主一般都自己下厨，不可能聘请专业厨师，所以餐服水平虽普遍不高，但主客接触和谈天说地容易。客人帮助下厨、干点农活的机会也多，家庭氛围相对浓郁。我住过浙江、江苏、安徽、福建、四川、云南、贵州等地的农家乐民宿，农家主人热情好客、与客人喝茶聊天的情景，至今还历历在目。

档次不高，但有成本优势

不管是精品民宿业主还是农户本身，都没把“农家乐”放到民宿队伍里，因为农家乐普遍装修投入不大，设施比较简单，没有高档场所，也相对缺乏经营头脑。但和高端民宿相比，农家乐最大的优势，是业主心态平和，客来客走，客多客少，都问题不大，没有心理压力，“反正自己也要住的”。尽管今天的年轻人能挣会花，入住农家乐还不太乐意，但“吃过糠”、“下过乡”、有“新旧对比”的六七十岁的人群，却是农家乐民宿的“主力军”“回头客”，甚至“常驻客”；高端民宿业主“开弓没有回头箭”，只能咬牙往前走；农家乐民宿业主可以旺季全力以赴，淡季停业“休整”。这一切，都因为农家乐民宿具有投入少、雇工少的成本优势。

眼界有限，蕴含提升空间

高端民宿业主大多为设计师、书画家、大学教授、企业老总、企业白领等，而农家乐民宿的业主多久居乡村，长期务农，没有那些人的丰富经历、专业背景和经营理念。“农二代”们虽然眼界相对开阔，但和怀揣“梦想”、抱着“重金”、准备充分的高端民宿业主相比，还有些差距。不过，这种差距，是以高端民宿服务“特定人群”和农家乐民宿的“大众化”市场为分工的。这种“分工”在短期内无法改变的事实，随着人们对旅游条件要求的提高，随着“60后”“70后”人群进入中老年消费阶层，也随着一批“农二代”在外增长了见识回村正式“接班”，农家乐民宿具有了内外共同发力的提升动力；尤其是一些农家乐的传统经营方式受到市场挤压、部分旅客“逃离”的现实，给农家乐民宿提升以强劲刺激。近年来钱塘江流域农家乐转型升级的成功案例，正越来越多地出现在人们视野中。

二、农家乐民宿“短板”的文化根源

农家乐民宿孕育于乡村，自然会带有乡村社会母体的种种印记。农家乐民宿从表面上看，设备简陋，投资不足；在高大宽敞的农居房外表之内，是乡村经济文化生活水准的真实写照。

第一，卫生情况不容乐观。卫生是一种生活习惯，也是文明程度的

嘉兴西塘水乡民宿

一种体现。发展阶段的限制和强制引导的不足，使得农家乐民宿多还谈不上持卫生许可证经营，一些农家乐民宿厨房设备简陋，生熟食菜板不分，食品和菜肴随意堆放，帮厨的农妇村姑不经体检即下厨，有的粉条、苕皮、豆皮等凉菜食材进货渠道不正规等。临安太湖源镇“鱼乐山房”业主夏菊萍说：“这些年客人对农家乐的意见一直有，垃圾多，水污染，人多了后交通堵塞。本来是享受环境来了，希望看到好的山山水水，但环境不好，有的人就觉得还不如待在城里。”

第二，休闲内容比较单一。不少农家乐民宿业主也想吸引客人，留住“回头客”，但苦于没有好办法。城里人习惯的大众文化娱乐方式，诸如扑克、麻将、电视、卡拉OK之类，也是农家乐民宿的常规项目；各种采摘活动、民俗活动等，由于需要在农事季节和主客互动中完成，这对于习惯“等客上门”的农户来说，还不太擅长。源于农耕文化的原生态、原创性内容的稀缺，使得如今的农家乐民宿，总体上还难以让城里人“乐”在其中。

第三，特色不够鲜明。多数农家乐民宿业主的经营比较被动，照猫画虎，没有特色，满足于给吃给住，还缺乏对本地历史及民俗民风资源的关注、利用和发挥。一些业主虽然开始重视周边旅游资源的客源意义，但多停留在争取便宜票价，或通过“旁门左道”带客人进入景区的阶段，缺乏提供和主流景点相呼应的休闲文化内容的考虑。

第四，综合素养受限，服务水平不高。农家乐民宿的业主，很多还有农活要做。在民宿经营中，他们既是主人，又是管理者，还是厨师和服务员。虽然和客人有比较多的接触机会，但和客人无碍沟通不容易，对客人的满意度也不够敏感。让顾客品尝到原汁原味的农家菜当然重要，但未经专业培训者烹制的菜肴，色香味且不论，关键是有时太咸难以下咽，有的太硬坏了兴致。由于基本没有服务人员，忙起来客人的要求经常难以顾及，给客人留下了不好的印象。这让农家乐处在了粗放经营的“低质量—低收入”循环中。

第五，单纯“跑量”得不偿失。杭州临安“鱼乐山房”业主夏菊萍回顾走过的经营历程时说：“到2016年底，忙季的7、8月份，最多的一天接待四十多桌客人。每天几乎五点多就要起来忙，中午也没休息时间，来来往往的客人都要招呼要接待，晚上十一点多才能休息。连续做下来身体透支，造成内分泌失调和肝功能排毒不畅。躺在病床上我才体会到：没有了身体，一切都要归零。同时我在回忆，客户对我们的环境、设施、卫生和服务都比较满意，不满意的是房间太小，干湿不分离，导致有些客户跑了。我还在想，农家乐生意日益火爆，客人数量越来越多，经常造成交通堵塞、环境污染、噪音扰民等问题。我们下定决心转型升级，把原来的三十间客房减少到十五间，集中精力做得精致一

在杭州临安“鱼乐山房”调研

些，也改变自己的生活方式。”

农家乐民宿的不足，还可以列出一些。这些不足的关键，还是人的问题，是业主的综合素养问题。这种综合素养，不简单是受教育程度的问题。学历和人的知识水平当然有关，但人的综合素养，还和生活阅历、见识多寡、思维方式（比如服务眼光、满意标准等）甚至性格脾性有关。

杭州临安“鱼乐山房”业主夏菊萍给我讲了个案例：一位农户房东看到租客经营的高端民宿生意好，就找种种理由提前终止了合同，自己来经营，想多赚点钱。但换了主人以后，原来业主迎接客人的温情、丰富的活动手法和留住客人的方式等，农户业主都没有学到，生意很快垮了下来。“培育家的氛围”，不是买一送一。钱相对还容易筹到，会管理，善经营，孕育民宿的温度，却不容易学到。

在绍兴柯桥王坛镇，有家依山傍水、明清风格的农家乐民宿，档次适中，标间收费三百元出头，可见价位也不错。我们入住后，感觉农家菜吃着不太爽口，想提点建议，被老板娘两句话给“怼”了回来。进到房间没有衣架，正好老板娘进门来送水果，我问能不能给个衣架，老板娘回答“等等，那边还有事”，转身匆匆走了，再没回来。

三、农家乐民宿不受待见的“理”与“非理”

农家乐民宿的现状，就像个人电子消费终端的台式电脑。手提电脑、智能手机“城头变幻大王旗”，让人们的工作和生活方式有了巨大的变化。如今谁也不会说，台式电脑就是电子消费终端的唯一选择。

农家乐民宿先天存在的不足，是业内人士甚至政府官员对其不够重视的内在原因，也是民宿发展过程中不得不正视的问题。

莫干山国际旅游度假区管委会副主任沈耀腾从政府部门的视角分析说：“村民其实是‘洋家乐’的最大受益者。把房子租掉后，村民从‘洋家乐’那里每年能拿到三万到七八万块的租金收益，还能解决一些村民的就业，解决村民农产品的销售，大学生回来当管家，每个月也能挣四千到八千块……”

杭州天目山镇“月亮工坊”业主张卫荣给我做了个比较：“月亮桥村里十八家民宿中，七家精品，多数还是传统的农家乐。农家乐民宿装修花费多的，也有两百多万元的投入，搞了二十个房间。结果请人多，花费大，人多了照顾不可能很细致，主人和客人聊天时间少，每天忙里忙外忙死；收费不高，但档次低，客人还是不满意，一年大概十五万的毛收入吧。我也投了两百万，只有五个房间，没请几个人，单间收入高，加上配套的伴手礼店和咖啡、茶点等，我不算累，客人还满意，一年收入一百多万元……”

杭州临安“月亮工坊”山间民宿的外观与房间内景

但在对农家乐民宿的种种微词中，也有一些评价是“非理性”的，似是而非。

比如，有人说“农家乐低收费，当然只能提供低档次服务”。好像有道理，但其实是“因果倒置”了。是收费低才导致服务水平不够，还是服务能力有限才不得不低收费？这关系到问题的症结怎么把握，从哪里入手改进。杭州富阳的“天地农庄”，是浙江省特色农家乐、杭州市休闲农业示范园，环境、条件和服务都不错，一个房间一晚上收费三百八十元，管一顿早餐。一位住了隔壁村农家乐民宿的客人过来询价后，对我说：“太贵了，昨晚那边农家乐才收一百五，管吃管住。这边贵了一倍多。我们的年前活动放到这里，二十个人要增加将近五千块。省下五千块吃啥不行？吃死也花不完呀！”我问：“那边农家乐二十个人能住下不？有没会议室和集体活动场地？年终欢乐聚会那边的条件同事们能满意吗?”他看看我，不作声了。

再如一些高端民宿业主认为，农家乐民宿业主的基本素质已经定型，不可能有大的改观，能够在卫生条件、进货渠道等硬条件上严格监管，有所改进，就很不错了，文化内涵、服务档次很难提高。这种悲观的结论，多少有点“居高临下”的优越感。如果关注一下农家乐中已经转型升级的标杆民宿，如果考虑政府部门未来真正把注意力转移到农家乐民宿的提升上，如果顾及农家乐业主和消费者中，中老年人群也正逐渐实现“更新换代”的现实，如果能充分估计城乡差别缩小过程中，城市文明对乡村建设的强大渗透和引领作用，人们没有理由对农家乐民宿的转型提升过于悲观。

又如，在钱塘江流域，民宿的主管部门，有的是农办，有的是农林局，有的是旅游局，有的是供销社，可谓“政出多门”。民宿业主和基层干部普遍反映：谁管都不要紧，只要有人关心，只要上下对应，现在对应不起来，力量分散，效率就低了。

还如，和一些政府官员谈民宿，他们的关注点和举的例子，基本都还是精品民宿和高端民宿。当我问及为什么这么重视非农户兴办的高端民宿时，他们几乎是一个口径——榜样的引领作用。是啊，当投资人最初进入乡村时，的确需要政府帮助解决土地、水电等基础设施难题，协调和村民之间的关系。在有的地方，这种“政府推动”至今还要继续。但在今天很多精品、高端民宿已经家大业大、客源滚滚之时，政府如果还一味“锦上添花”，则要小心村民把这种政府行为看成“傍大款”，要谨防出现“形象工程”和“脱离大多数”的偏向。执政党已把建设“共同富裕的社会主义强国”写进党章，试图始终走在前列的浙江，民宿工作的重点已不该只是“树标杆民宿”了，已有条件从总体上转变为“扶大众民宿”了。

换一个视角，在很多地方精品或高端民宿已“登堂入室”“羽翼渐丰”之时，政府部门对精品民宿的“助推之手”，用力方向和方式可以变变了：可以从“推上马”变成“推规范”，从“推扩张”变成“推内涵”，从“推本体”变成“推帮带”。既然当初推精品民宿是为了确立标杆，帮助广大农家乐民宿提升，就像中国社会“一部分人富起来”后实现“社会共同富裕”毕竟艰难一样，怎样把村嫂变成熟悉民宿管理的行家里手？如何让“农家乐”业主吸收精品民宿服务城里人的经验？能否让精品民宿中那些花样翻新、体验民风民俗的招数，变成千家万户农家乐的实践？不少地方的政府官员，对这些问题还想得不多。那样，“榜样引领”不就变成一句空话了吗？

对农家乐民宿提升信心不足的“非理性”表现，其实还有不少。一

宁波宁海桑洲镇农家乐民宿主人在自留地劳作

绍兴农家乐协会会长陈来兴介绍“狭猱湖避塘农庄”的四周环境和历史文化特色

些政府部门没有给自己定好位：一方面，“大包大揽”的思维方式，使一些官员面对布局分散、世代务农的农家乐民宿业主的“管理”，感到心有余而力不足，信心相对不够；另一方面，政府部门对农家乐民宿管理的力量分散，民宿行业协会发展缓慢和相对弱势，以及农户先天的习惯“自顾自”不善于合作，又使得很多农家乐民宿如同“散兵游勇”，转型升级缺乏“组织”的有力引领。客观地说，这些问题其实还是思维习惯、合作方式、政府定位等思想文化层面的问题，是更深层次的问题。

四、农家乐民宿升级的“是”与“不是”

农家乐民宿需要转型升级的结论，应该是肯定的。这个肯定性的结论，是对乡村精品民宿之外占比90%以上的大众民宿的关注，是对未来农家乐民宿业主主体素质的信心，是对政府工作方式改进的期望，也是对未来中国提升乡村文明程度、缩小城乡差别的展望。

我们在杭州太湖源镇白沙村走访，全村两百多户人家，已经开了一百八十多家民宿，拥有一千多个床位，其中农家乐民宿占到90%及以上。由于这些农家乐民宿经营多数已超过十年，床铺、卫生间、厨卫条件和整个房间格调已经落伍，农户们普遍感受到了市场选择的压力。近两年，不少业主已在自觉翻新原来的房舍，以图客人满意和有“稍微好点的价格”。

在绍兴新昌，一批老牌农家乐民宿开始朝着中高端民宿转型。我们走访位于平水镇的“若耶山居”时，绍兴旅游委副主任陈文华介绍：“山下的金渔湾农庄，原来以提供餐饮为主，现在建起了小木屋、游泳池等，开始做以民宿为核心的旅游综合体了。”

但是，农家乐民宿的转型升级，不可能是高端民宿的简单模仿。农家乐民宿的遗传基因，依然是转型升级时需要依托的“出发点”。

其实，在日本、韩国和中国台湾的古村落旅游地，民宿在改造中大多只引进了基本的厨卫设施，最大可能地保留了原有的格局和陈设。如日本岐阜县白川乡荻町，室内仍采用地道的榻榻米，客房之间依然用传统裱纸隔扇分隔，邻间客人的呼噜声清晰可闻；夜间取暖还是靠烧柴油的电炉，厕所和淋浴间还是公用的，经常要排队等候。这种看似简陋的条件，照样吸引了来自世界各地的大量游客。

对于一些具备乡村本土特色和深厚历史的区域，民宿改造只要保证基本的卫生和安全即可，设施功能和生活便捷程度，乡村和城市存在某些差异，未必会减弱，相反有助于人们“遥想当年”和“睹物思人”。如果一定要推动全新的现代化改造，在完全消除建筑设施“城乡差异”

的同时，也消弭了乡村的固有传统风味。

在这个意义上，农家乐民宿升级有些“是”与“不是”的分野。

是提升服务档次，不是简单提高装修档次

农家乐民宿的主人是农户，农户家庭资金积累大都有限，几十万元的投入，不少人也要举债，多了就会形成债务压力，农家乐民宿“可进可退”的优势就不存在了。装修的改善，主要是抽水马桶、热水淋浴等基础设施和舒适度的提高。床、桌椅、衣柜等如需要更新，完全可以从二手货市场挑选，只要色彩、风格、大小等搭配好即可。农家乐民宿需要下功夫提升的，主要是餐饮卫生条件、饭菜可口程度、休闲待客的多样性、主客沟通的通畅性等“服务档次”问题，改变农家乐民宿就是以“吃吃喝喝”为主的传统形象。换种说法，是要把民宿由“吃住一个点”变成“综合一条线”，变成“住宿+餐饮+体验活动+手工制品+景点+旅拍+租车+农产品采购”。

是提升农户收入，不是向“高端民宿”价位看齐

提升农家乐民宿档次的目的，既是为了提高农家乐民宿的服务档次，也是为了提高业主的实际收入，改变目前不少农家乐业主忙忙碌碌却收入有限的情况。但农家乐民宿和高端民宿存在的最大区别在于：后者是大投入、高品位和服务特殊人群，前者是小投入、农家乐和服务大众人群。既然是小投入，就要发挥农家乐贴近村民的特点，就要保持大众民宿价位亲民的优势。在设施适当更新、服务档次提高的背景下，价位适当提高和收入明显提升，应该是努力方向。临安龙岗镇五星村的“云顶山园”，三面环山，环境宜人。原来是和亲戚家的农家乐一

杭州淳安姜家镇民宿

起，通过网上揽客。后来投入八十万元提升改造后，房价从原来的一晚一百五十元涨到三百到六百元一晚不等，客源和收入与亲戚家的传统农家乐一下拉开了距离。

“不是向高端民宿价位看齐”，其实还有一层“预期”的道理：“民宿”，也应是经济实惠和适应大众市场的。现在国内五星级酒店的平均价位也就六七百元，但精品民宿的房价平均已到数百或上千元，甚至数千元及以上。这种价位除了暂时满足少数人群外，时间和市场会说明一切。精品民宿价位近两年有所下降，是一种征兆。莫干山作为拥有领风气之先优势和占据独特地理及人文环境背景的区域，其高端民宿似乎成了民宿业的标杆；但时过境迁，莫干山模式已难以复制，何况，莫干山的高端民宿也已出现价格明显下跌的动向。

是满足客人正在提高的要求，而不是拉齐不同客人的消费水平

农家乐和高端民宿消费层次不一样。这是由中国社会阶层现状和不同消费层级决定的。依照原来农户的经营理念方式不是不能延续，传统农家乐今后一段时间还会有生意，至少可以满足部分退休人员、互相结伴、包吃包住消费群体的需要。但随着消费人群的更迭和消费水平的提升，那种农家乐的日子会“越来越难过”。农家乐民宿的提升，是在提升传统农家乐民宿服务水准的前提下，满足客人正在提升的要求，让退休人群、老年人也能享受到更加舒适的服务。适当增加点费用，他们及“未来的他们”是可以接受的。但这个“适当增加”，不是向高端民宿看齐，不可能拉齐消费者对不同档次民宿的接受程度。

是加深组织程度，不是继续单打独斗

一些农家乐民宿业主诉苦，和高端民宿反差最大的，是旺季之外的客源不足和生意惨淡，而最大的困惑，是不知道怎样留住客人和增加客源。一些业主至今还不会用网络平台发布信息，遑论调剂客源。绝大多数业主没有参加任何协会。农家乐民宿转型升级的最大“工程”，也是重大难题，是怎样形成“政府主导＋市场合作＋农户主体”的运营模式，怎样通过成立农家乐民宿协会，或通过每户农户拿出一两个房间参加合作社搞“共享经济”民宿，把更多农户组织起来。对内，发展特色农产品种植，开展民间手工艺品制作，发展民宿采摘、农耕活动等产品；对外，成立旅游公司或与其他旅游公司建立互动渠道，同时建立共享平台，通过各类短租网“卖房间”，发布民宿信息，招引天下来客。

杭州临安民宿协会会长张会长告诉我：“现在农家乐民宿的客源已

杭州桐庐“木舍”民宿和桐庐木舍旅游开发有限公司

出现问题，档次太低，客人数量下滑。临安一些村里成立民宿运营公司，村集体入股引导，帮助村里搞提升，村民很乐意。有的农家乐民宿业主甚至说，‘一年给我五万，农家乐你们拿去经营’。当然不能这样做，如果都拿去统一经营，不一定效果最好，农民收入提高也就难了。”

是提升单体农家乐民宿服务层次，但不是搞“一刀切”

钱塘江流域的农家乐民宿，已经经历了餐饮、民宿、农庄、高端民宿等几种类型变化。在这些变化过程中，占据绝大多数的是普通农户兴办的单体农家乐民宿，涉及人群多，关系到乡村农民增收致富的最终水平，是民宿发展到一定程度后，需要给予更多关注的基本群体。这种关注，不是要政府把农家乐搞成整齐划一的模式，那就扼杀了农户源于乡村原生态基因的创造力；也不是否定高端民宿、乡村农庄的作为，适度发展乡村农庄和高端民宿，说到底，可以为农户提升民宿树立标杆，可以增加农产品销售渠道，最终都有利于农民增收致富。

时任杭州市旅游委员会副主任的王信章坦言：“民宿这种小微住宿业、非标住宿业，作用不能提得太高。民宿应该有核心吸引力，但不可能完全承担起旅游目的地功能。农村和现代休闲业、旅游业怎样结合？大型农庄还是需要的。杭州土地少。一万亩拿出来不可能，但一千亩是有的。需要把餐饮、住宿、休闲、娱乐、交通等综合服务配套，需要把农庄产业链拉长，加入游客休闲体验、农产品加工、文化创意延伸等，比如把稻谷变成米，变成粉，变成商品甚至礼品……游客可以参与体验了，就有附加值了。”

绍兴市农家乐协会会长陈来兴，也是绍兴市狭猺湖避塘农庄的业主。他坦言："我的农庄一个房间住四个人，每人每天收费三十元，虽然吃喝玩乐都有，但档次太低；二十多个房间，两辆大巴的人都住不下。市总工会的'疗休养基地证'发给我很多时间了，一直没接过疗休养团队。我们协会有会员民宿一百二十多家，相当一部分是农庄型的，十几年搞下来，正好到了转型时期。我们转型顺利，可以带来很多公益机会……"客观地说，在那些还是以观光旅游为主的区域，大中型农家乐仍有生存发展的空间。都办民宿，接待游客有诸多不便，民宿承担不起旅游目的地的全部功能。

话说回来，目前一些市、县列入"培育名单"的民宿，主体还是外来投资的那些精品民宿和高端民宿。外来投资客有相对较强的资金实力和市场冲动，是政府部门扶持的重点，这在民宿发展初期放在精品民宿的扶持上，可以理解，也是一种策略；但时至今日，民宿已经在大发展了，如果扶持重点还不是农家乐民宿而是纯粹市场型投资主体，这就不仅冷落了需要"雪中送炭"的众多农家乐的民宿业主，也会因为资金补助引导，诱发商业资本业主的投资热情，干扰他们对市场信号的准确把握。那样就有违政府的公共职能了。作为拥有十余年民宿经验教训的"实战派"专家，联众休闲产业集团董事长兼总裁余学兵在一次向三百多位学员谈民宿经营"七大陷阱"时，把"政策吸引很诱人?"列为第一个陷阱，这值得政府官员深思。

五、农家乐民宿升级的三个管理问题

如同冬夏日夜长短的此消彼长，政府和市场的互动，也因时因事而作用互有长短。由于乡村经济在总体上市场化程度还不够，广大农户的

冬日暖阳下的杭州临安指南村农家乐民宿

抗风险能力还不强，在农户兴办民宿、进入市场竞争的初级阶段，政府对农家乐民宿的关注和引导，是公共服务的一种天职。

在钱塘江流域，农家乐民宿服务质量还较低，不少精品民宿文化和价格脱离了本土需求。这除了发展阶段的局限之外，在民宿管理和引导上也存在问题。

一是对农家乐民宿升级的重视和引导不够

一些县（市、区）民宿管理部门的主要精力目前还停留在民宿发展初期对外来投资客精品民宿的奖励和扶持阶段上，导致部分县（市、区）占90%左右的乡村农家乐民宿，至今还处在档次较低或盲目投资的自发发展状况中。一方面，一些农家乐民宿由于卫生状况、餐饮水准、设施条件和服务水平较差，随着民宿的增多和竞争加剧，出现了“精品民宿淡季不淡、农家乐民宿生意惨淡”的反差。另一方面，一些有心转型的农家乐民宿，由于缺乏市场经验和投资眼光，出现盲目投资、简单模仿甚至高息借款的情况，导致改造后经营更加艰难。

二是对精品民宿发展的引导不足

这些年乡村精品民宿的发展，给农民就业、农产品销售、农村环境改造以及农家乐业主眼光提升等，带来了拉动市场的积极作用。但在民宿市场爆棚、进入主体增多、市场分化严重的现阶段：一方面，精品民宿给农村就业、农产品销售、乡村环境改善的作用已经释放，但就“先富带动后富”作用而言，落地手段不多；另一方面，精品民宿出现了过于追求高档奢华，和乡村本土特色、民风民俗融入度不够的问题，加上资金投入较大、急于回收成本，使得房价普遍达千元以上甚至更高。乡村旅游出现的这种“高消费”现象，和乡村振兴是为了农民致富的目标已经失去直接关联，也使得不少游客发出了“住民宿太贵、住农家乐太差”的慨叹。

三是政府管理机制有待完善

上述两大问题在钱塘江流域普遍存在。一个难题在于，由于推动乡村民宿初期发展的现实需要，各地民宿发展工作主要责成农办管理，这种体制发挥了农办熟悉“三农”工作的优势，推动了民宿工作在乡村的进展。随着中央乡村振兴战略的深入，民宿发展已经历了前期基础建设、激活产业和培育榜样的阶段，进入需要落实先进带后进、推动农家乐民宿提升、引导民宿产业均衡发展、提高广大农户收入的新阶段。民宿的下一步发展，亟须在乡村旅游规划、乡村旅游产品开发、乡村旅游服务质量提升、乡村民宿品牌培育上下功夫。显然，这需要政府旅游专业主管部门的更多介入。但由于体制不顺，各级旅游部门无法深度介入，基本数据无从掌握，引导资金不在手中，目前就怎样完善民宿管理机制而言，全省还没有成熟的做法。但各地方已在积极尝试，如绍兴新昌2018年把民宿由农办管理转到由旅游局管理，并把原农办分管民宿副主任调到旅游局，实现了旅游局和农办两种专业力量管理民宿的无缝对接。杭州临安早在2003年就开始了由旅游局为主、农办协助管理民宿的体制探索。

六、农家乐民宿升级的“杭州思路”

在钱塘江流域，或因市场压力驱动，或业主自发萌动，或政府顺势推动，农家乐民宿转型升级的大幕正在徐徐拉开。

对比农家乐民宿各种转型的行为方式，就中国目前东部地区而言，农民个体自发转型只有“个案意义”，政府顺势推动才可能有“星火燎原”之效。针对农家乐民宿转型，由政府主管部门牵头，确立培育典型、树立样板、细化举措和有效激励的一揽子顶层设计规划，并循序渐进推动落地，已是当务之急。

农家乐民宿的转型升级，钱塘江流域一些县（市、区）从政府职能的本质规定出发，相继推出了一些探索性的实施意见。丽水的实施意见规定，2018—2020年市本级每年安排资金一千万元，重点从品牌培育、农旅融合、交通建设、精准营销、行业自律、奖补激励、用地供给、环境安保、餐饮安全、人才支撑十方面，推进农家乐民宿的全面提升。绍兴把“闲置农房激活计划”和“五星达标、3A争创”美丽乡村建设结合起来，开展“下乡看房团、民宿体验营、乡村美拍赛”推介活动，动员有情怀的工商资本、乡贤能人下乡盘活闲置农房，将闲置农房资源集中打包，到以上海为中心的市外城市和商会集中推介。湖州市本级两区在年度旅游发展专项资金中，安排不少于20%的资金，用于农家乐乡村旅游的规范提升发展；对评为三星级以上（含三星级）农家乐经营户（点）的农家民宿，优先推荐为职工疗休养基地（点）；结合通村公交建设，逐步开通直达重点区域的农家乐专线车，并完善与主要城镇的游客集散系统；莫干山周围的农民现在盖房只能从镇政府给出的二十个图纸方案里选择，“带图审批”成为一种有力引导。

采访浙江省文化和旅游厅副厅长杨建武时，他说：“民宿管理要合理分工，把职责理清楚，全省杭州临安做得比较好。前期基础设施农办推动，后期专业管理旅游局做，这就对了，前端和后端有分工合作。”杭州临安注意发挥区旅游局的专业优势，并形成了与农办等部门的密切协作的管理格局，其做法的细致、深入和指导力度，特别值得留出篇幅介绍。

截至2018年底，杭州临安区的农家乐民宿已达1504家，另有精品民宿112家，走在了全省县（市、区）的前列。临安的工作思路及做法突出表现为“三个重视”和“三个注意”：一是重视工作重点向农家乐民宿提升的转移。二是注意在地方特色、本土元素上培育民宿的长远优势。三是重视对精品民宿存在的融入乡村不够、地方文化不足等问题的引导提升。四是注意对民宿在乡村产业振兴上的投入。2018年，临安用于民宿提升的投资为1.08亿元，区财政奖励农家乐、特色民宿资金550万元。五是注意发挥市场型设计、艺术专业力量在资源配置中的作用。六是注意发挥政府旅游专业管理部门的文化引导作用。

前些年民宿新业态崛起以后，农家乐市场受到较大冲击，特别是一些高端民宿淡季不淡的情况，激发了农家乐业主自我提升的愿望。但由于缺乏引导和眼光有限，有的边看边做，“依葫芦画瓢”，钱投下去效果不佳；有的漂亮“外壳”有了，内涵跟不上，服务老一套，营销拖后腿，风险随之而来；有的盲目追求“高大上”，改造费用上百甚至数百万，背上了沉重的债务负担。

乡村民宿的提升，特别是占90%的农家乐民宿怎样实现“转型升级”？临安的具体做法如下。

在杭州临安“月亮工坊”和杭州市临安区文化和广电旅游体育局陈伟宏副局长交流

一是引导“中档目标”

鼓励有条件的农家乐民宿转型升级，目标不是提升成现有的高端民宿，而是把现阶段有条件改造提升的农家乐民宿引导定位在中端民宿目标上，从而使改造切实可行。比如，临安政府和农家乐民宿约定：改造投资额框定在30万到80万元之间，超过80万元，就不再界定为临安的农家乐升级版这一范畴。

二是提出“三大追求”

农家乐民宿的“升级版”，要防止简单模仿精品民宿的做法，凸显临安本土符号，更多地融入本地文化和资源特色，追求“乡村风格”“农家味道”和“民间业态”。

三是建立激励机制

临安区政府出台民宿三年行动计划，明确三年时间每年培育二十家农家乐升级版示范户，给予二十万到三十万元不等的奖励。临安区设置条件，让各农家乐民宿对照条件提出创建方案，重在突出当地文化特色。并聘请第三方机构，对通过镇街申报的农家乐升级版考核验收。

四是培育典型示范

从2018年开始，临安在龙岗镇、天目山镇、太湖源镇三个区域，按照自愿申报原则，区旅游局在各镇确立三个村，每村选择三户农家乐，一共九户作为临安农家乐升级版的重点培育对象。针对这九户农家乐民宿，旅游局在设计、施工、监管、管理、服务、营销等方面给予帮助和指导，给全区其他农家乐升级户一个参照样板，避免走弯路。

五是细化具体措施

一是开展农家乐升级版设计大赛，通过大赛吸引优秀设计师，为临安农家乐升级版设计出本土符号鲜明的作品。二是严把从设计到施工落地环节：（1）农家从院落到外立面，用本地木竹、老砖、夯土墙等为元素营造；（2）建筑外立面视觉效果呈现，突出特色标识符号；（3）院落和房屋外立面以花草装扮；（4）土灶头、火桶、火熜、泥钵头等民俗用品的应用；（5）乡村民间工艺、手工作坊，以空间业态形式打造；（6）设置农家小菜园或晒秋场地；（7）适度体现农家夜景灯光效果；（8）浙西耕读文化（书香文化）有专门小空间布置；（9）注意老木头、石头、砖瓦在农家乐升级版建筑及装饰里的再利用，并以艺术形式呈现。三是为确保实施，和设计师签订协议，要求其对从设计到施工落地整个过程的质量和特色元素进行整体把控、全盘负责；要求农家乐业主写出承诺书，确保最后落地的效果呈现；验收不达标不能享受政府奖励。四是由区文化和广电旅游体育局聘请一位设计师，作为农家乐升级版推进工作常年设计顾问，双方签订协议，责成其负责九家农家乐升级版的落地工作。

六是狠抓业务培训

针对农家乐升级版农户们关心的问题，临安区旅游局2018年举办了多次全区农家乐提升业务培训，告知升级版的政策要求，组织学习农家乐升级版在设计、管理、服务方面的相关业务。

七是引导精品民宿

临安区还针对影响较大的精品民宿开展了一系列专业引导工作。一是打造民宿旅游目的地概念，邀请专业团队为临安民宿从内涵、软装和服务品质做整体文创策划设计，让游客在民宿停留时间延长，消费增多。二是培育民宿区域和集群品牌，引导区域民宿形成有统一风格、特色主题和市场定位的天目山民宿品牌。三是设计出“三个一”专业旅游产品，引导精品民宿融入临安的乡风民俗。

八是设计“三个一”工作

“一桌菜”，围绕“地道食材、传统制作、民间味道”要求烹制，售价要达到一千元以上，并指导指南村推出“指南十八碗”、五星村推出“乡村铜锅饭”以及“十大乡村宴席”等；“一个伴手礼”，即打造与民宿品质相匹配的“文创伴手礼”旅游商品，改变民宿的旅游商品大多停留在卖土特产层次的做法，把本地的特色资源和乡土文化元素融入伴手礼的选择和包装设计中，使之成为临安民宿的形象代言，增加民宿的附加值；“一条线路”，就是民宿的功能不能只体现在简单的吃住上，也要在“民宿+”上下功夫，帮助民宿设计好周围的旅游线路和休闲体验内容，加长游客的消费链。

九是推动“三项配套”

一是组建区民宿行业协会，推动协会承接政府转移的面向市场的工作任务。协会建立了理事会工作例会制度和民宿联盟微信公众号，不定期举办主题沙龙活动，开展民宿淡季市场专题推介会，举办伴手礼开发、新媒体营销培训活动等，受到了农户的欢迎。二是推动“民宿和农家乐与周边村民签订用品和食材供应协议”工作，细化民宿产业链的分工，确保民宿农家乐用品和食材回归乡土和自然天成。三是引导村落景区运营商为民宿提供保障，从2017年开始，临安区旅游局引进了十一家景区运营商进驻十一个村落景区，以内生动力的方式开展村落旅游运营，为民宿带来了丰富的客源。

黄公望村里“望”民宿

这几年，我陆续在钱塘江流域住过不少家民宿，“高大上”的、农家乐式的，还有四五百块钱一晚的“中档民宿”，感觉各有不同。不过，离杭州的家近、环境美、人文气息浓的，黄公望村要属最佳之地了。掐指算来，我已经去过三次了。

一、走马观花“望”民宿

黄公望村，位于钱塘江流域富春江畔的东洲街道，是个名人名山名江名画荟萃的地方。从杭州城西出发，一脚油门，四十多分钟就到了村口。每次去，在村里住上三四天，和一家家民宿老板聊聊天，多少可以了解一些各家的经营特色和不易之处。

首家民宿“白鹤街休闲农家”

每次到黄公望村，我都会先住在村里的民宿带头人黄梅娟创办的“白鹤街休闲农家”里。小院紧靠着清澈流淌的小溪，三层小楼整齐干净，果林菜地蔬果飘香。屋后，就是村文体广场、老年活动中心和小卖

黄公望村第一家民宿“白鹤街休闲农家”

部。屋后的篮球场，是儿子的最爱，下楼就可以打个痛快，料他再不会觉得村里住得无聊。

阿娟是村里最早开民宿的，后来还手把手帮着村里的左邻右舍，开出了一家家民宿。从指导填表到申领经营执照，从参加各项培训到回来传递信息，从组织采摘活动到争取外界资源，从出席会议到接待参观，阿娟是全村民宿人中最忙的。她对我说：“村里办民宿的多了，民宿的生意才能更好。”

阿娟也有烦恼：“桐庐那边有上海直达村里的大巴车，老年客人自己到我们村还是不方便”，“上网争取客人，我还不太会呢，能不能组织个计算机培训啊”。

2017年五一长假，我在阿娟家里度过几天放松的日子后，回去常会想起和她一起，边烧菜边唠家常的情景，记挂她烧的酱爆螺蛳、红烧肉和各式时鲜蔬菜。因为待人热诚、经营有方，上海来的一位老奶奶，在这里一住就是五年。阿娟“认”的十多位上海的“干爸”“干妈”，都是她家的常客。

2018年十一，我邀请了温州老家的哥哥、姐姐两家人，到富春江畔的梅娟家小住几日，享受一下黄公望村的美景和阿娟休闲农家的美食。她还给我们推荐了临近的公望隐居地、龙门古镇和鹳山公园。我和哥姐相约，来年再来阿娟家团聚。

艺术家开办的“望·空间”民宿

在公望村里闲逛，发现新开出一家取名“望·空间”的民宿。一栋小楼看似普通，但设计得精巧别致。屋前院子里，有一方小小水池，池里盛开着温婉的莲花，还有多处禅意雕塑；屋后小路，铺着混搭的青石砖和木条；屋里除了五六个起居室外，其他房间都是创作室，大大小小，足有七八间；隔壁的辅房，也被改成了书画培训室。

艺术家开办的“望·空间”民宿

整个民宿挂满了书画作品，连厨房墙上也“满壁生辉”。原来，这是家艺术家开办的民宿。那天我走进院子，人到中年的施老师正好在。他说：“这个民宿投了一百八十多万元，一间房间每晚五六百块钱。虽然回本、挣钱还早，但为自己找到了一个舒适又有艺术氛围的起居和创作场所。”施老师有两句话让人印象深刻：“赚钱是为了什么，不就是过上自己想要的生活吗！这个民宿满足了我的心愿。”

看着长发飘飘的施老师，我打趣道：“刚才看到创作室的几位客人，好有艺术家气质……”他接上话幽默了一把：“我的民宿里，不是长头发，就是没头发！”

引来书画家们的“甘兰民宿”

黄公望村不愧是书画家的创作基地，在“望·空间”民宿的隔壁，是一家服务于书画家的“甘兰民宿”。三层楼的里里外外，挂满了各种风格的书法作品。民宿的主人，是两位淳朴的村民，夫妻二人都五十岁出头，孩子已成家在外发展。空巢而居的他们，因为书画家们的到来，生活变得充实而富有新意。

一楼客厅里，放着一张大大的木制书桌，书桌上摆满了笔、墨、纸、砚。二楼书房和卧室，收拾得整整齐齐。看到我这位不速之客，夫妇俩热情地沏茶、拿水果，不厌其烦地回答着我的问题。

书画家们因为喜欢这里安静优美的创作环境，和主人协商后，把民宿整年包租了下来，三五成群，不定期过来创作。创作期间，起居吃住都由夫妇俩负责。这倒也好，言语不多的两位村民，不用费尽心思去招揽其他客人了。

引来书画家们的“甘兰民宿”

朴实无华的“晓青民宿”

在阿娟家的斜对面，是一家“晓青民宿”。我多次上门叨扰，和民宿主人聊天。家中有位先天染疾的七岁男孩，让三十出头的两位民宿主人一脸辛劳之色。亏得家中两位老人身体硬朗，凡事可以搭把手，一家五口才一起办起了这家民宿。

男主人在镇上国企上班，是企业技术骨干，也是一名党员。晓青民宿主要靠他在携程等网络平台上招揽客人。因为工作忙，他们主要靠等客上门。主人告诉我：“五一、十一长假客人还是有的，一间房一百五十到两百元，价格实惠，亲子游的家庭来得多。”闲聊中我了解到，因为家人不善言辞，也不提供餐饮，所以基本没有回头客。但他挺乐观：“好在房子是自己的，也没什么其他成本压力，所以能赚一点是一点。”

来来回回好几次，我知道了这个硬朗小伙的最大心愿，是儿子能够更开心，病情能逐渐好转。每次从他们家出来，我的心情都特别沉重，一家人凝重的表情深深印在脑海里。我真心希望“晓青民宿”能够更好，希望客人的笑声能让冰冷的房子多些温暖。我提醒自己，下次再去，要带上《生命无极限》这本书，希望带给民宿主人一些力量，让“晓青民宿”走得更稳、更有光彩。

返乡青年创办的“诺园民宿”

晚饭后我跟着阿娟，到村里各家民宿去做问卷调研。山色空蒙，小山村非常宁静。走着走着，前方房顶一道温暖的灯光吸引了我。阿娟告诉我，这是村里的“诺园民宿”。

我和阿娟刚走到门口，小夫妻就热情招呼我们到院子里喝茶，看着他家用木板铺装的露天茶室，阿娟羡慕地说：“你们真能干，年轻人就是会搞情调！”女主人不无骄傲地夸起自家老公：“娟嫂，你看看这木头凳子，都是他手工打磨的。一个原木木墩，要十天半月才能磨成这样光滑的凳子，有特点，还省钱。”

民宿主人是一对年轻的夫妻。男主人本来在外地打工，回乡看到村里环境大变样，看到相邻农家的民宿开得火热，心有所动，就把自家房子整修一新，辞工回家开起了民宿。他年纪轻，脑子活，在好几个网络平台挂出了自家民宿的信息，学会了一些网络营销方法，微信群、公众号宣传也给他们带来了一些客源。

返乡青年创办的“诺园民宿”

朴实无华的“晓青民宿”

男主人介绍说：“年轻人结伴而来的不少，开PARTY、玩游戏、烧烤、骑车、爬山，都可以。”

从阿娟在一旁的介绍里我了解到：靠着勤劳和努力，两夫妻把院子装扮得越来越好看。前几天添一个小磨坊，边上流水潺潺；过几天加一个花架，蔓藤成荫；现在又建造了精美茶室，茶香诱人；还有烧烤架和烤串……难怪在安安静静的夜晚，这里不时会传出年轻人开心的笑声。返乡创办民宿，而今已经成为钱塘江流域年轻人的一种时尚选择。

和农庄联手的“小建民宿”

黄公望村有家“现代民宿示范点”——“小建民宿”，是由两栋农家楼房改造而成的，算得上是村民自办民宿中装修最“豪华”的了。房子外墙、窗户和屋顶，用木条装饰成德式别墅风格，新颖别致；院子里种满了花花草草，让人赏心悦目；门口醒目的“现代民宿示范点”的牌子，很是夺人眼球。

走进屋子，主人是两位普通农家母女。不过，她们站在装修一新的客厅里，已不是一般的村姑村嫂形象——小巧玲珑的身形，白净漂亮的脸蛋，透着精明干练的气质。整个民宿一尘不染，整洁光亮。我正想开口问她们怎么创办的“民宿示范点”，大姐细声细语先说话了：“我们这两栋房子，和村里的‘三味农庄’相隔十几米。农庄老板是村里的能人，经营着四十多亩地的大农庄，餐饮生意好。有些客人想住下来，农庄老板就找我们合作。房子设计装修都是老板投的钱，我们负责日常管理，只提供住宿不用做饭菜，省心省事。”

听她这么说，我赶紧又去逛了一圈“三味农庄”。偌大的农庄，除了餐饮区热闹，休闲区的游乐设施已完全废弃了，动植物养殖区也无人

和农庄联手的“小建民宿”

看护，书法创作室空无一人，看来老板虽有心联合开发民宿，却无力提升整个农庄。旁边的村民告诉我：农庄老板好多年前就拿下这么大一块地做农庄，现在农庄生意有点差了，才和亲戚合开民宿。“小建民宿”主要靠农庄介绍客人入住，邻居梅娟嫂有时也会把自家住不下的客人介绍过来。

二、黄公望村民宿的“大后方”

走马观花“望”下来，黄公望村的农家乐民宿，和其他地方似乎并无多少差异。一般是民宿主人自家住两间，其他六七间用做客房。客房

黄公望村民宿的引导牌

设置两人标间、一大床一小床的家庭房、大床房，房间干干净净，标准整洁。

餐厅都在一楼，基本上是主人亲自下厨，客人和主人可以边吃饭边聊天。房间里设施良好，电视机、淋浴房档次虽不算高，但都还实用。走廊和墙壁上的装饰、画框随处可见，有的还摆放了博古架，设置了吧台之类的。很多家还安排有一间麻将室、卡拉OK室供客人娱乐。主人们介绍，上海、杭州的老年人来的较多，也有些采风和摄影爱好者慕名而来。

其实，乡村民宿的主人多为新手，经验不多，怎么就会有这般魄力和勇气，敢于扑下身子、耗费资金开办民宿揽客呢？怎么就能引得那些心高气傲的艺术家们兴冲冲赶来、怡然坐定，在这里静心搞自己的创作呢？

几次落脚黄公望村民宿，看得多听得多了，多少有了些了解。

听村里人说，二十多年前，这里就有农家乐了。这些年的美丽乡村建设，让周围的环境更美、村落名声更响了。确实，每次进入黄公望村，我都会被整洁宽阔的街道、绿树成荫和小溪潺潺的生态环境吸引。在乡村改造过程中，政府部门下决心开展了违建拆除、公厕改造、垃圾转运、绿化补植、垃圾分类的工作。单说一个“拆围墙”行动，就将每家每户都改造成了开放式庭院，把美丽环境敞开来让人们共享，这对于过去相对封闭的乡村而言，该是多大的魄力和眼光啊。

走进黄公望村，处处流水潺潺，时时鸟声啁啾，随地花团锦簇，满眼绿意盎然，村落的秀美田园风光重新焕发出来，一幅美丽的乡村画卷在来客眼前徐徐展开。整洁干净的路面上，不时有人在沿街打扫着。

前些年，富阳把黄公望“风情小镇”创建和黄公望隐居地建设结合起来，累计投入1.2亿元，通过产业提升、旅游拓展、文化挖掘、村庄整治、庭院美化、生态保护等，把这块风水宝地装点成为一个体现江南山水、反映黄公望文化特征、具有休闲旅游特色的风情小镇。黄公望村先后获得“全国文明村”、“国内最清洁城市”示范点、浙江省4A级景区、浙江省全面小康建设示范村、“美丽宜居浙江样板”双百村、杭州市乡村旅游示范点、海峡两岸交流基地等荣誉。

梧桐引凤凰，主雅客来勤。借着黄公望隐居地和周围其他景区的开发，像朱梅娟这样的一批村民，才有了开办农家乐民宿的环境条件。村里还请了专业设计师给村民培训，教授怎样种植和布置花草树木。每家每户的房屋和院落，都是村民自己打理的。现在，村里已有农家乐十五家，富春民宿二十三家，因此，这里又添了一块响亮的招牌——“浙江省农家乐特色示范村”。

阿娟告诉我，她和丈夫以前是开饭馆的，后来村里环境越来越好，知名度越来越高，这才想到办民宿。六七年经营下来，客人越来越多，旺季时要提前个把月预订才有空房。“过去跟别人合伙开饭馆的时候，一年挣个五六万，现在每年能有十五到二十万元的收入了。”

在发展风情小镇之前，农户的收入来源除了种地，就是外出打工了。如今小镇发展环境好，一些在外打工的农户回到村里办民宿，既能照顾孩子和老人，又能增加收入，还守在生于斯长于斯的故土上，心里踏实，幸福了很多。“绿水青山就是金山银山”——黄公望村的实践，就是经典案例。

当然，除了政府努力、村民勤劳，黄公望和《富春山居图》的名气，也是一个“大背景”。六百多年前，黄公望被此地绝佳山水美景打动，隐居于此，绘就绝世之作《富春山居图》。问题在于，守着这样的名家足迹和名画故事，会不会运用，大不一样。

六百多年后的2007年，富阳把原来的华墅、白鹤、株林坞、横山四个村合并，给合并后的村庄起了一个响亮而有艺术范儿的名字——黄公望村。此后没几年，华人瞩目的“山水合璧大典”——两岸《富春山居图》合展，让黄公望村借梯登高，声名远播。加上村落环境的整治，村子的环境和名气，成为农家民宿的“金名片”，书画文化的大树，开始在这里枝伸叶展，四季常青。书画工作室、美术创作基地、各类书画会、书画作品展在村里随处可见，十户“富春农居”家家都有小型书画工作室。小小的村落里，已经分布了几十家各具特色的农家乐和富春民居，加上富阳书法家协会创作基地、黄公望国画园、缘竹坊黄公望文化艺术创作基地等，简直就是一个艺术荟萃、大家聚首的创作天堂了。

三、对黄公望村民宿未来发展的思考

每次从黄公望村回家，我都会有些不舍。当越来越走近这个村庄，爱上了阿娟烧的乡土菜，习惯了晚上和村民在广场上唠家常、打太极和跳广场舞，当心里还想着每家民宿的经营情况，惦记着“晓青”家孩子的病情，我意识到，自己的情感，已经融入了这方美丽的乡村里了。

“两山”的深度融合看今后

几年下来，黄公望村里的民宿农户，对这种时忙时闲、收入稳定的日子非常知足。让他们特别自豪的，是足不出户，就结识了一群艺术家朋友。农家乐引来艺术家，这是钱塘江流域民宿经营的一种模式。钱塘江流域浓郁的文化艺术氛围，让乡土风情和书影墨香融入了民宿的怀抱。

农家乐民宿过于集中的村落，遇到节假日旺季，村里会出现人头攒动、车马喧嚣的景象，“金山银山”来了，“绿水青山”又多少被淹没了。此外，发展民宿不是让所有农家都去开民宿，如果都去开民宿，挣“快钱”，大田种植就会受到影响，红薯、玉米、土豆、各种蔬菜的种植供应，就可能成问题，外出购买成本就会升高，反过来影响到民宿本身。也就是说，对民宿发展不必过于“推动”，相信市场调节的力量，多做产业分工引导，恐怕才是正途。此外，好山好水引来了那么多的艺术大师，这本是提升村民艺术修养、在文化层面缩小城乡差距的良好机遇。怎样借力于“送上门”来的艺术人才，为乡村学校、乡村民众做一些“付租金”之外的，更能体现他们艺术特质的贡献，艺术家们未必没有积极性，就看镇村领导、民宿业主们的思考和探索了。

民间活力的未来走向

黄公望村里的民宿业主，过去没有搞过民宿经营。他们的经营之道，体现出各自经历和想法的不同：有的依托山水美景招人揽客，有的靠热情好客展示温情；有的重视乡村文化的点缀和挖掘，有的凭借互联网招天下远客；有的凭淳朴厚道维系合作，有的靠乡里乡亲互助同帮；有的将庭舍设计得卓尔不群，有的用别出心裁的各式活动留住回头客……

特色才是民宿取胜之道。每个民宿的主人不同，这是形成特色的内在基因。只是，人都有从众心理，民宿发展初期，模仿、借鉴在所难免。物质上、形式上的借鉴容易雷同，但待人接物和主客沟通上的热情、主动、重视质量和“投其所好”，永远体现了“同一要求”下的不同品位。

民宿已经历了前些年硬件投入、形象包装的快速发展阶段，那些事情，只要有动力、魄力和一定的资金，就能办到。在软件服务、内涵发展上做出特色，难度就大了。在各地民宿风起云涌、遍地开花的今天，民宿的未来，也许在主人家庭文化、客人消费文化、健康美食文化、传统养生文化、农耕乡土文化、特色民俗文化、民间艺术文化等方面，还有很大发展空间，还有许多需要捉摸、挖掘和匠心独运的东西。

农家乐民宿的些许问题

黄公望村民宿发展的时间不长，对属于个体行为的民宿进行管理，本身也是个难题。比如，农家乐民宿的住宿和餐饮，虽比过去有了很大改善，但总体上淡旺季差异较大，服务质量很难保证。我每次都是放长假时去阿娟家，尽管她把村里七大姑八大姨都叫来帮忙，还是难免顾此失彼，打扫客人房间都顾不上了。阿娟总跟我诉苦：“这些天我和老公都是四五点爬起来，十二点才能躺下，真吃不消了。”她这么一说，我不忍心再提什么要求，只能在院子里扫扫地、在厨房里摘摘菜，帮她做点小事。

再如，黄公望村里几乎所有的民宿都没电梯，一些老人感觉非常不便。村里也没有完善的急救设施和医疗保障，民宿里的高龄老年顾客，成了某种潜在的“风险”。阿娟家里住的那位上海干妈，今年八十四高龄了，已陆陆续续在这里五年多时间，行动开始不方便了，上楼要人搀扶，心脏也有问题。阿娟每天起床第一件事，就是去看望老太太，生怕出事情。出了事情，还真没有任何意外保险。可老太太回上海住不了几天，就吵着要回村里。老人家把话“说到底”了：“阿娟，我回上海要死的，空气不好，人全身不舒服的啦！”听了这话，善良的阿娟也没办法。

民宿要做出特色和留住客人，卫生标准、服务质量、无障碍建筑标准、旅客意外保险、急救措施培训、急救设施配套等，是走到今天的农家乐民宿需要解决的大事。人文情怀是非标准的，但各种卫生、安全服务是有标准可遵循的。政府部门在忙完乡村规划、产业振兴、旅游线路、民宿扶持等一些大事后，腾出手来引导民宿，在服务“非标准的特色化”与“标准的现代化”之间寻求融合途径，这不仅关系到乡村民宿的稳健发展，也关系到黄公望村品牌的未来亮色。

欧美民宿文化印象

在欧美国家游走，住住民宿，唠唠家常，是了解域外人生活百态的捷径。不过，因为相隔太远，欧美的民宿不同于东亚日本、韩国和中国台湾地区，有着更为鲜明的异域风情。

一、融入自然的选址

欧美一些国家相对地广人稀，汽车普及率高，交通便捷。民宿，便多被选址在了自然环境优越的景区或田园山水之间。

2018年6月，我陪家人飞临罗马上空时，透过飞机舷窗往下看，白云、绿树间透出簇簇农舍，田园、机器旁散落着滚滚草垛，罗马带着它生态、美艳和带有节奏感的精致，呈现在我们面前。

晚间，我们下榻在了罗马郊外的“HELIO CABALA”乡村客栈中。拿到钥匙，我“手里一沉”，好“厚重”、好有金

傍晚时分，意大利罗马“HELIO CABALA”客栈山腰间的地中海松和乡村客栈

属感的配置，那铜质地、艺术体、接近手掌大小、足有四五毫米厚度的“钥匙牌”，无言地告诉我：艺术之都到了！

早晨从客栈走出来，我才发现客栈位于郊外一座风光秀美的山腰上。山下的地中海松树干高耸，层层叠叠，景象十分奇特；路过的一家农户民宿，大门及门前的报箱，是典型的巴洛克风格，富丽的装饰和雕刻，穿插的曲面和椭圆形空间，刚劲有力，又充满欢乐气氛。

在瑞士，我们沿着卢塞恩湖畔，向因特拉肯前进。快车把卢塞恩湖

瑞士卢塞恩湖畔的传统小木屋

和沿线的阿尔卑纳赫湖、萨尔嫩湖、朗格湖和布里恩茨湖等湖泊连接在了一起，把大片大片绿茵背景中的远山、近湖、巷陌、农舍、牛群、教堂串在了一个时间隧道里。清澈的湖水、绿色的牧场、美丽的葡萄园、精致的度假别墅和远处雄伟的阿尔卑斯山，把人带进了一个不曾见识、新奇而又美妙的幻境中。

色彩斑斓、造型精致的传统木屋，是这个地区的典型建筑。木屋外观的民宿，大都分布在白色教堂的周围。山民以一种艺术化的方式，展示着他们特有的生活方式。如果不是列车高速行进只能“抓拍”，这一路如诗如画的美景，让人该怎样地“乐不思蜀”、驻足难行啊！

2018年1月1日，我们来到美国雷尼尔雪峰面前时，已是傍晚时分。落日的余晖，淡淡挥洒在满山遍野的积雪和松树上。山体雄伟，山巅辉煌，人在雪峰前，就会察觉到自己的渺小。当天晚上，我们入住景区内的“Mt. Rainier National Park Inn（雷尼尔山国家公园客栈）”。客栈后门有一排特意安排的座椅，可以在寒冷的月光下，欣赏远处孤独、清高的雷尼尔雪峰。

2019年春节前，我去美国优胜美地国家公园参观时，选了一家“Sierra Mountain Lodge”民宿居住。女主人布兰达（Brenda）告诉我，她原来是做房地产的，但后来因要养育孩子，不想去上班工作，就在这个最早通向优胜美地南大门的“历史公路”附近，买地盖了这栋房子做民宿，环境优美，比较安静。这里，距离优胜美地国家公园四十分钟车程。

清晨起来，户外阳光明媚，草木葱茏，远山平缓，听得见鸟鸣。地面，用的是石板和石子铺就；栏杆，是当地产的杉木木材，上面刷了一层清漆，一切都融入了这片原生态景区的自然风光之中。

当晚，我们落脚在优胜美地公园门口的另一家民宿。第二天一早起来我才看清楚，几幢小木屋掩映在群山环抱之中。清晨的阳光，透过高高的枝丫洒在地面的枯叶上，安静和美；依靠在高抬架空的小木屋扶梯上，沐浴在熹微晨光和山间清新的空气中。这让人觉得很是一种享受。

美国加州“Sierra Mountain Lodge”民宿

美国优胜美地公园旁一家山林中的木屋民宿

左图：意大利罗马“HELIO CABALA”乡村客栈的钥匙牌
中图：意大利罗马某民宿门前信箱
右图：意大利威尼斯民宿的防盗窗

二、风情万种的装修装饰风格

在意大利罗马，乡村民宿主人围墙上的钢铁篱笆，像一排排“利刃”高高耸立，健美中透着一股英气；威尼斯水城里民宿一、二楼的防盗窗，有的像五线谱中的线、间和谱号立体交织着，有的又像小提琴的指板、琴弦和F孔，在柔美中表达着对生活不测的提防。

比萨小镇街边的漂亮标识、威尼斯水边民宿门廊上色彩斑斓的遮雨凉棚、蒙泰卡蒂尼小镇车库墙面镶嵌的斑驳石块、佛罗伦萨入云的精美街灯……都是那样精巧、雅致，体现着随性的设计感，展示着意大利人的生活态度和艺术情趣。意大利能成为世界公认的艺术之都，不只是因为这里的人重视艺术传承，还因为人们已经把时尚理念、创意设计融入寻常生活中，把每件作品都当成艺术品精雕细琢。

标识住客国家和城市的地图

加州的“Sierra Mountain Lodge”，用了加州“塞拉山脉”作客栈的名字，主人在民宿户外周围的空地上，用当年场地上锯木盖房留下的一些树墩，围成了一圈装饰兼座凳功能的摆设，给人林木之地风土人情的视觉冲击。在阳光照射下，木墩反射出的亮光，让周围的景物黯然失色，也给人撑开了一片当年这里大兴土木场景的想象空间。

“Sierra Mountain Lodge”民宿最让我动心的，是女主人设置的全球各地客人所在国家和城市的地图标识。在接待大厅最显眼的地方，挂着美国、欧洲、爱尔兰和世界地图。住店客人会模仿其他旅客，把自己国家、城市的位置，用彩色珍珠大头针标注出来。十五年下来，几张大大的地图已是“标杆”林立，大头针密密麻麻、“蔚为壮观”了。在接待大厅的沙发前面，还放着几本来客留言簿，里面有各种语言和各色笔迹，表达着不同国家来客入住后的多样心情。

锯木盖房留下的树墩做装饰，给人林木之地风土人情的视觉冲击

三、主随客便的贴心服务

每天上午十点到下午三点，布兰达会赶到“Sierra Mountain Lodge”客栈为客人服务。她告诉我，客栈里欧洲、南美、亚洲的客人很多，美国人当然更多。我问：“留住客人、争取‘回头客’有什么办法？”她摇摇头，说：“我不知道。”

但在后来和她的闲聊中，还是能够感觉到，作为一位曾经的房地产经营者，她对顾客心理的关注和用情用心。

布兰达认为，网上口碑很重要。通过来过的朋友推荐，增加了很多新客人。她指着墙上挂着的一幅作品说：“这是一位阿根廷小伙子送的，他在这里住过四次了。”

我问:“上午到下午您只有五六个小时在店里，管家也是搞好卫生就回家，客人会不会感觉不方便？”布兰达答道：“景区民宿和其他地方会有些区别。原来店里准备二十人的早餐，经常只有五六个人吃。客

从上到下被木头包围的“Sierra Mountain Lodge”客栈

人们起床的时间不统一，有的人又不吃早餐，很浪费。后来考虑不提供早餐，降低一些房价。我向所有老客户发邮件征求意见，当时还很紧张，没想到都觉得这样好，后来该来的客人照样来。”

我再问：“客人有没有觉得，有事情找不到你们不方便？”“现在我和客人接触少了一些，但也有好处。客人受到的打扰少了。在享受安静的同时，‘支持系统’可以解决困难。比如路况信息、山里气候、遇到熊等动物怎么办等，我不在店里时，可以在网上和我随时联系，我回邮件很及时。”

尽管没有餐食服务，“Sierra Mountain Lodge”的大厅二十四小时都有几种免费的点心、水果供应；在每套客房里，有专门的厨房设施，微波炉、咖啡壶、免费咖啡粉、锅碗瓢盆等一应俱全，客人煮免费咖啡和加热自带食品非常方便；洗衣房里备有洗衣机和烘干机，户外还有烧烤设备；书架和资料盒里，主要是介绍加州各地景点和风土人情的画册、书籍和视频资料。

为了降低成本，布兰达说："房屋的装修，用的都是附近山上的木头。家具大都是从Garage Sale和Yard Sale（甩卖二手货的车库和院子）中便宜淘来的。"她指着炉旁的小柜子介绍说："这是我奶奶留下的纪念品……"

我注意到，由于装修过程比较注意家具款式、色彩和摆放的协调，主人不介绍，完全看不出东西是"拼凑"起来的。房间里，中央空调、热水供应、暖光搭配、席梦思软床、床头台灯等设施及服务都很周全，品质不亚于国内四星级酒店。

我屈指算来，自己装修，自己维修，家具二手，只雇一人，不供早餐，美国人务实，在追求服务品质的前提下，想尽办法降低客栈成本，我们住的那间套房，有两间卧室、两张大床，两家人进去只收一百五十美元，一家人才花七十五美元，相当于美国中产人群一个人月收入的五十分之一。就算一家子住进去，也只相当于一个白领月收入的二十五分之一左右。比起我们月收入人民币六七千元的城市人群住一晚中档民宿要五六百元，性价比要高很多。怪不得，美国地广人稀，却还有那么多的客源。

我们到客栈的那天下午，问管家第二天41号公路有没有封道，可不可以进入优胜美地国家公园的南大门，管家告诉可以进去。当天晚上，主人布兰达的邮件来了：

> 政府关门，打听不到情况，后来问了其他知情人，才

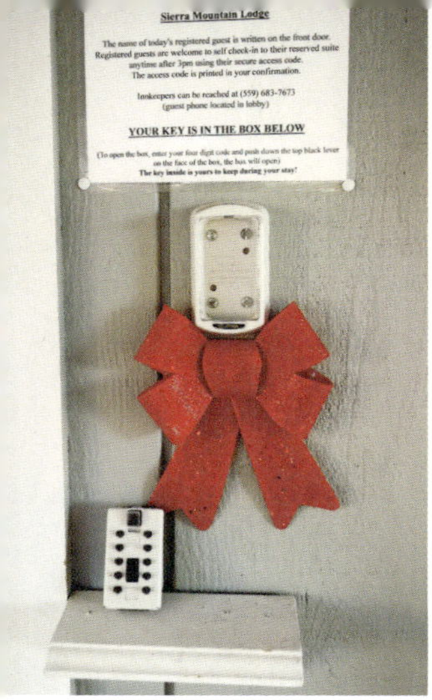

为主客带来便利的门前小密码盒

灯光朝下的太阳能装置

知41号公路南大门封道了。原因有点可笑，川普政府“停摆”，游客中心关门，厕所也停止服务，一些游客随地大小便，打扫环境卫生人手不够。

看来，管家不放心告诉我们的消息的准确度，又请主人去打探情况了。

在“Sierra Mountain Lodge”入住后，我注意到两个细节：一是晚上一路照明的路灯，灯光射向都是朝下的，不会直接射进人的眼睛。早晨起来才看清楚，是太阳能装置，白天吸收光能，晚上人一走过，灯光自动照向路面。二是“Sierra Mountain Lodge”民宿有七个房间，只请了一位兼做接待、卫生的管家。管家早晨八点来上班，卫生搞完走人。客人如果是下午两三点后到，管家会把客人进门的钥匙，放进门旁墙壁上这个小密码盒里，然后通知女主人。女主人布兰达会在airbnb（爱彼迎）上告知顾客取钥匙的密码。客人到后自取钥匙入住。

因为人手少，对旅客的文明素养的要求自然也就较高。我问女儿，布兰达说的“真正的旅行者”是什么意思。女儿翻译给我听：“她的意思，就是做一个文明的旅客，比如注意垃圾分类，离开前收拾好厨房，打扫好室内卫生，做到物归原处，不要太挑剔等。”离开客栈时，大家把里里外外收拾得干干净净，厨房整洁得好像没人来住过，所有的垃圾全部包好堆在一起，这才和已在隔壁忙碌的管家挥手道别。

2019年2月下旬一个周末的傍晚，我们来到旧金山东北方向的里士满，从高速公路下来一英里多点，就到了女儿预订的位于一个小区里的家庭民宿。房子位于街区的中段，三层小楼，一楼是客厅和厨房，二楼是书房和客人房，主人卧室在三楼。

大概晚上十点多，楼下传来开门的声音，主人回来了。我们和这对夫妇寒暄了几句，原来，他们去观看旧金山新春大游行了。

民宿的男女主人都有瑞士血统，精通德语。男主人自我介绍，他叫布莱斯（Bryce），祖籍靠近德国，做事比较严谨；妻子叫凯西（Kathy），祖籍靠近意大利，性格自由放松。布莱斯是电脑工程师，妻子凯西在市政府扶贫儿童办工作。

我们在这个家庭民宿里与主人的所有聊天，几乎都是晚上十点多他们回家后才展开的。看完古董车，站着闲聊一会儿后，我说：“有一些关于美国民宿的话题想和您聊聊。”布莱斯马上拉出桌下的椅子让我们落座，凯西打开冰箱，问：“咖啡？果汁？冰水？”我们分别选了以后，又问：“瓶子还是酒杯？”问得很具体。

围着一张方桌，喝着主人家的啤酒和饮料，天南海北随兴漫谈。那天晚上，一直聊到十二点多。我不好意思了，说：“太晚了，不再打扰了，非常感谢！”布莱斯说：“不晚不晚，和你聊得很高兴，聊到半夜两点以后也不晚。”女儿提醒我，不能再聊了，这是美国人的幽默。我们开怀大笑。

聊的过程中，我针对布莱斯“不着急客源”的说法，问道：“你们夫妇待人很热情，也很健谈，吸引客人总有自己的一些办法吧？”

布莱斯感叹：“很多国家的客人都说英语，但也有些国家不讲英语，交流起来就有障碍，不过，我用谷歌翻译，一句一句来沟通。上次有位中国妈妈，带孩子住在我这里。出去买菜回来后问我：‘Have you any meat？’我蒙了。过了好半天才明白，她们没有买到肉，孩子想吃肉。我把几个汉堡里的肉都给了他们，挺不好意思的。”

谈到待客之道，布莱斯说：“我们经常去车站接客人过来。有的客人要去优胜美地等景点玩两三天，东西不想带，问能不能寄存在我这里。我们不收费且很乐意，这是一种信任，人性是相通的。”

“有的客人第一次出门住民宿，有些紧张。我们就尽量想办法让他们放松，比如邀请他们和我们一起吃饭，告诉他们我有吉他，要不要弹弹？开上我的老爷车，带他们出去兜风……”

说到热情待客，布莱斯有个观点：“日本人对接待客人有专业性要求，规定了很具体的标准，达到了，就算热情待客。我觉得热情待客应该是很自然的事情。我小时候和亲戚来往很多，在这种家庭环境影响下，热情待人，成了从灵魂里释放出来的一种习惯。”

我问：“能不能概括一下你理解的热情好客？”布莱斯想了想：“先天的好奇心，每个新朋友都会带来新内容；友好的性格，这需要发自内心；还有就是组织安排的能力。”

我问：“做民宿最开心的是什么事情？”“接触各种各样的人。有位德国年轻人来我这里住过后，一直与我保持着联系。我们去欧洲，他

和里士满热情好客的布莱斯和凯西夫妇及其爱车合影

专门飞过去看我们。他结婚时还邀请我们去参加婚礼。有位英国人一个人过来，正好遇到‘世界杯’，他想去电影院看电影，去街上喝啤酒、喝咖啡，问我能不能陪他一起去。那天我本来有事情，看他非常希望我陪同，就把自己的事情先放下了，陪他玩了一天。”

第二天上午，我想和夫妇俩合个影，布莱斯主动提出，他可以把心爱的老爷车开出来一起合影。开出来后，他利索地把车窗、车身擦拭一遍，又把车库门关上让车后背景干净整洁，这才放心地和我合影。

照完相，布莱斯提出让我坐他的大众老爷车在市里兜兜风，车里连司机只能坐两个人。一路上，他边开车边不停地给我介绍，这里是里士满最老的教堂，那里是市中心的市政厅，前面那栋房子后面是他上班的地方，离家也就三个街区。我问：“走路还是开车上班？”

布莱斯答道："走路，沿路的建筑基本上都是20世纪40年代的老房子……"我怕听错，"40年代？那这些房子已经七十多年历史了？"布莱斯以点头作答。

这对夫妇业余生活很丰富，前一天晚上回来较晚，第二天上午又要出门。我知道他们上午有安排，兜风回来便和夫妇俩告辞。布莱斯说"等一等"，他把车的后盖打开，又弯腰给我仔细讲解这辆半个世纪前的老爷车的内部构造。听不懂他说的那些专业术语，但我还是频频点头，心存感激。

布莱斯说："吸引顾客，airbnb平台上的顾客好评很重要。全部是公开的。我们对顾客也诚恳地提出自己的要求，哪里不满意私下直接告诉，我们马上会改进，所以网上基本上都是好评。有一次一个客人要来，我们因为看到其他民宿主客互评时对他评价很低，就没有接受这位客人，他后来给了我们不好的评价。"无意中，他介绍了一个"小技巧"。

临走时，布莱斯过来道别，又透露出一个揽客"技巧"："忘记告诉你们了，我通常建议客人，如果要留言，可以用本国语言写住店感受，那样可以帮助本国人了解我的民宿。"

返程路上，我在车上感叹：选了这家民宿，主人有情有义，待人自然舒服，真是太好了。我们对在网上预订的这家民宿的一个初始感觉，看来是对的——那是airbnb网站上他家的自我介绍，"实诚"得可爱。抄录一小段共享：

这里一英里之外是里士满BART车站，也是Amtrak火车站（多数人步行约二十分钟），市民中心和主图书馆距离这里三分之一英里。但这里附近没有景点和餐馆，除非你有汽车。搭乘BART是一个来湾区的好方式，但要按距离收费。如去旧金山，在里士满乘坐BART火车约需三十五分钟，每人花费4.50美元，才能到达旧金山的市中心Powell街站……

人一上百，形形色色。我问："接待客人有遇到什么不愉快的事吗？"布莱斯想了想，讲了两件事：

"记得有位年纪较大的住客，在我这里住了一周，喜欢和我聊天。开始聊得很愉快，最后两天，他说了很多非裔美国人的坏话，我很吃惊，不想听，又不能让客人不高兴。那天晚上我很不开心，对这位客人印象很不好。

"不久前有个女客人到旧金山参加音乐节，住在我家里，身上不知道涂抹了一种什么香水，她走后好几天房间里味道还很重。我在网上咨询怎么消除这种味道，还给这位女士留了言。"

说完两个实例，布莱斯话锋一转，"不过也没什么可抱怨的。百分之九十九的客人都非常好。应该是我们服从客人的需要。比如，大约百分之七十的客人喜欢聊天，百分之三十的人不想聊天，进了门，房门一关就待在房间里了。每个人都有权利选择自己喜欢的生活，再说，民宿也是一种交易，不能勉强客人。"

四、珍稀宝贵的历史记忆

2018年2月，我在美国俄勒冈州唯一的国家公园"火山口湖国家公园"观光时，入住在了"Dawson House Lodge（道森家庭旅馆）"。从办理入住手续，到后来的观察，这家典型的家庭民宿给我印象深刻。

一是大门外标明“家庭旅馆”，给人一种温馨感。后来我才知道，夏天，这里是徒步旅行者、渔夫和自行车骑行爱好者常来入住的地方，冬季这里也吸引了不少渔夫、猎人、摩托雪橇和滑雪爱好者。

二是装修“张扬”旅馆的历史。门外招牌上，写着“欢迎来到有历史内涵的道森家庭旅馆，俄勒冈中部最新的始于1929年的老旅馆”。主人有意无意地，通过室内老旧照片、门外广告招牌，“显摆”着小旅馆的风雨历程。

三是女主人对小旅馆历史的细致介绍。女主人告诉我：“旅店建于1929年。虽几易其主，但一直保持着九十年前的风貌。”她把我引导到旅店客厅的照片墙前，对比九十年前后房子一脉相承的建筑风格。主人还介绍：“旅馆九十年前是铁路工人和旅客的住宿和寄宿处。在过去近百年的历史中，业主和一些客人都反映，在房间里曾看到过一些超自然现象，包括无实体的脚步声、怪怪的笑声、自动开门和关门以及其他一些奇怪的事情。旅馆的地下通道，曾藏过犯人，《华盛顿先驱报》做过专门报道。20世纪上半叶，老板因为抗议政府在旅馆后面修铁路，三次被抓进监狱。现在，这个小镇上也只有三百多人……”

四是女主人对旅馆用品的地方特色如数家珍。她告诉我们：“房间里的床头床板、桌椅板凳等家具，全部是用旅馆后面森林里的原木加工做成的，木质很紧、很结实，已经几十年了。房屋的梁木、墙壁和地板上的木板，原料也来自房后面的森林。”我要求把一个小椅子放到茶几上拍张照片，一只手居然掂不起来。

两天后我们去的俄勒冈最大城市波特兰，是当年买这块地的两位投资人通过“投硬币”，最后来自缅因州波特兰的那位取胜以其家乡名命

VACANCY
Welcome to Historic
DAWSON HOUSE LODGE
"Central Oregon's newest old hotel"
est. 1929
Ask to see our rooms!
PIXIE SOUZA
541-281-8360
FOR SALE

“道森家庭旅馆”招牌

照片对比出一脉相承的建筑风格，说明着小旅店九十年来的风雨历程

名的。一百多年过去了，美国人没有因为缅因州和俄勒冈州都有波特兰，而修改城市的名字，因为这是珍贵的历史，这里面有说不尽道不完的沧桑。国内一些城市轻易修改名称，甚至一改再改，造成指向混乱暂且不说，丢掉了珍贵的历史符号，才是最可惜的。

一些著名景区，挖掘历史和自然中的人文、科学知识还显不够，常把一些民间戏说、宗教传说甚至引导游客看山石形状“像不像猪八戒背媳妇”之类的解说词，硬塞给游客、听众，让人兴味索然。

在里士满家庭民宿的那个夜晚，主人布莱斯兴致勃勃地把我们引到客厅的一个角落，给我们打开那矮矮胖胖的老式“自动唱片点唱机”。唱盘悠悠地开始转动，流淌出浑厚、深沉的男声美国乡村歌曲。唱机外壳上有个红色标识，我定睛一看：“Wurlitzer 1856—1956”，这是美国

六十多年前的“沃利策”百周年庆典产品——“自动唱片点唱机”

在1856年开始经营的“沃利策”品牌，是六十多年前，庆祝沃利策品牌成立一百周年时的产品！

布莱斯告诉我，这架点唱机是1956年生产的，是他父母当年从酒吧里买来的。在六十年前的20世纪五六十年代，酒吧里用这种老式唱机，有电线通到每张饭桌前，人们可以边喝酒边投币点歌。

布莱斯和夫人凯西一起，把胖胖的点唱机小心翼翼地从墙角拉出来，打开后盖，给我们讲解内部结构和工作原理。

看到我们饶有兴致，布莱斯又说：“我还有两辆老爷车，想不想看看？”到了他家车库里，哇！一辆绿油油、胖鼓鼓的大众老爷车，乖乖地待在那里，这是辆1971年生产的大众汽车，只能坐两人，平时女主人在用。

布莱斯遗憾地说："还有一辆七座的大众白色面包车，在汽修厂修理。那是爷爷在20世纪的1977年买的，我小时候几乎就是在那辆车上长大的。"他自嘲兼得意地说："老爷车太老了，最快时速只有七十英里，再快车就要发抖了。开着这种随时可能坏的老古董车，回头率很高，很刺激。加油时，给他们说这是爷奶和爸妈开过的车，听的人都很羡慕，停在路边，常有人和车拍照合影。"

女主人凯西告诉我，她妈妈也曾一直开着妈妈自己外公外婆留下的老旧车，那是辆1931年生产的老爷车。

从车库里出来，布莱斯两手一摊，说："我的两个古董宝贝，看完了。"看到我们都笑了，他又补上一句："两座车的名字叫'三叶草'，七座巴士叫'烤面包机'，是我一位中学同学起的名字，一直叫下来了。"

某年，两口子就开着那辆七座老爷面包车，从里士满、盐湖城一路向东去纽约的妻弟家做客，一个来回，全程跑了七千六百多英里（一万两千多公里）。老爷车经常要修，车到盐湖城，两口子吃完饭后，车就发动不起来了，幸亏带了备用零件。

"我们古董车爱好者定期聚会，大家还经常想出一些奖项来评比。最近一次，我得了个'保留原始老零件最完整奖'，很开心。我们全国都有朋友，有一次车到圣路易斯坏了，就住在古董车爱好者朋友家里，你猜他家里有几辆车？"布莱斯神秘地冲我们笑笑，"八辆，都是古董车！"

在主人家的客厅里，几十年、近百年前的各种老式电话机，邮票购买机等，被大剌剌地摆放在厅堂正中央。古董，是逝去的历史，反映着社会变迁，也体现着主人的情趣。

客厅里摆放的老式电话机和邮票购买机

五、洒脱开放的人生态度

其实，欧美国家也有些人性格阴沉、抑郁、精灵古怪，但开着民宿、迎来送往的主人，多给人热情开放、善于沟通和多知多懂的印象。

聊到客源情况，优胜美地的民宿主人布兰达曾告诉我：“客栈的入住率5月到9月有百分之九十多，11月和12月的感恩节、圣诞节、新年入住率百分之八十多。1月到3月，只周末接客。”

我问：“1月到3月的上班日，如果有客人在网上预约呢？”“那也不接。我和丈夫要利用这三个月的周一到周五，全面检查店里的设施情况，保证每年的客房设施完美无缺。外面阳台上的地板，太阳晒了会翘

布莱斯和凯西夫妇钟爱并仍在使用的，近半个世纪前生产的德国“大众”牌老爷车

起来，都是我们自己更换；热水供应设施最重要，这里冬天很冷，不能出问题；还有淋浴头、水龙头、管线等，都要有专门的时间来认真检查和更换。”

布兰达继续接着前面的话题：“每年一定要有三个月时间为旺季做准备，淡季即使想接客，客人也很少，但所有地暖费、热气费、电费、人工费和其他费用都要支付，开门不如关门，因为是亏损的。”

她意犹未尽，继续说道：“如果讨论民宿主人要注意的问题，我觉得每年利用淡季的三个月休整一下，非常必要。否则人会身心俱疲，那样容易对自己的工作产生厌倦。三个月相对空闲，检修设备是一方面，给家庭留下一些时间也很有必要。我在旺季，也是三点以后不接电话，不回邮件，不回答问题，在家安心做饭和陪伴孩子，辅导家庭作业，这是我的家庭时间。晚饭后六点开始接电话和处理问题。”她补充了一句：“下午三点到六点是我自己的家庭时间，这是由我孩子的放学时间决定的，别人不一定这样。这个时间不处理事情，不是不尊重别人。”

我告诉她：“中国很多民宿主人起早贪黑，非常勤劳和辛苦。”布兰达表示很能理解我的话，回应道：“我们夫妇不是很有钱。头五年也是这样拼命，把全部时间投入民宿经营，孩子也利用假期来帮助送早餐、洗碗筷等。那样的结果，是我们和孩子交往时间少了，孩子快不认识我们了；人也很疲惫，家不像个家了。我们后来决定改变这种方式，否则会讨厌自己现在的工作。”

我借着这个话头，提了另外一个问题：“和当初建民宿时相比，十几年下来，您对做民宿的认识和以前有什么不同？”“这是个好问题，”布兰达说，“刚开始开民宿，只是为了挣钱，是为了不去上班兼顾家庭。那时朋友说，走进这个圈子三五年后，可能就会想退出来，可我现在还没有退出的想法。多年下来，对经营民宿的认识远远超过了预期。民宿可以接触来自全世界的人，‘真正的旅行者’素质都很高，店里最多时住二十个人，来自四五个国家，大家在一起无所不谈，感觉特别好，这是我开民宿前没有想到过的场景……”

我们刚住下，就看到一只大腹便便的老猫，在房前屋后转来转去。布兰达的管家说话很有意思：“猫一般有十二三年寿命。这只猫已经十七岁了，抓住过不少地鼠和蛇，有时会把抓住的地鼠放到主人门口。她想告诉主人，这是我住在你家付给你的房租……”

我问布兰达：“开民宿十五年来，最难忘的事情是什么？”她停了停，眼前好像闪过一道亮光，回答道：“最难忘的是一位日本来的女孩子。在美国的大学毕业后，就找了一份高薪工作，但她讨厌自己的专利律师工作。她到我这里住下后对我说，生活在疯狂的美国，就要敢想敢干，改变自己的处境。她带父母亲到我这里度假，给父母亲讲自己喜欢蛐蛐、蛐蛐可以药用，等等，当时我们还不知她的意思。等她到机场送父母上飞机前才告诉他们，自己已经辞职了，在德州买了个农场，开始养蛐蛐，做相关药用产品。”

布兰达顿了顿，继续往下说：“这是我见过的很聪明、很有规划意识的女孩子。她后来再来我这里时告诉我，舍弃前面所有的积累和高薪待遇，都有充分的思想准备。就是有一点没想到，蛐蛐棚子里面发出的声音很大很大，吵得没法睡觉。她正在考虑，宿舍距离蛐蛐大棚究竟多远才合适……”

我在想，布兰达关于太疲劳会对工作厌倦，家庭受影响也会对工作厌倦的考虑，关于日本女孩厌倦原来工作就毅然辞职的故事，已经属于

朝阳照耀下的美国加州“Sierra Mountain Lodge”民宿

管理心理学的自省和分析了。中国一些管理者动不动就发脾气甚至抑郁、跳楼，缺的恐怕就是压力下的这种理性反思和调节能力吧。

里士满那家家庭民宿的主人，两个月后要去意大利。每去过一个地方，他就会在地图上标记出来。布莱斯说：“我们出门也住民宿，这样容易融入当地，特别喜欢住主人在家的民宿，已经不习惯住酒店了。出门时，我的民宿客人可以自助，主要是猫咪要朋友照看，有点麻烦。”

我问：“怎么会想到开民宿的？”布莱斯回答说：“我们家族的人都性格开放热情，喜欢结交朋友。加上家里亲戚朋友来得多，从小受到这种环境影响。后来，朋友和朋友的朋友来得也多，就住家里。自己当背包客出去玩，也喜欢住民宿。有一天突然想到，旧金山房价很贵，我们有房子，离旧金山又这么近，也可以开民宿呀，这一开，四年多过去了。”

布莱斯举例说：“前一次新西兰的姐姐碰到一个德国人，说要来旧

布莱斯和凯西夫妇开在小区里的民宿

金山，姐姐也是第一次认识他，就给我电话，让我接待那位德国人，要住在家里。我们是个家门敞开的家庭。”

女主人凯西介绍，她妈妈喜欢远足，一周走五十英里上下，一直走到七十岁才停止这项体育运动。不再远足后，还在为孩子们讲授徒步技巧和搭帐篷、搞野炊的方法，已经八十二岁了。

在中国，小区开民宿会带来很多邻里纠纷。当我提到这个话题，布莱斯会意地笑笑说：“我知道小区的人反对邻居家里住外来客人。有一次去新奥尔良，看到有人在小区竖起牌子，抗议有的邻居在小区里开民宿。我住在旧金山时，住房合同上约定，留宿外来客人，一年里不能超过两周。我开民宿没跟邻居说，邻居们可能也没在意。他们知道我家本来客人就多。”

我问:“美国人比较重视隐私，让客人住在家里方便吗？”布莱斯笑着回答：“有的朋友也很奇怪，说让人住在自己家里，不方便吧？我给他们开玩笑，奇怪的是你们，好像还生活在石器时代。朋友的朋友，就是我的朋友。我把airbnb平台看成朋友，平台介绍的人就是我的朋友。”

我问：“这里没有景点，小区房子年代也比较久了，开民宿有什么优势？”“里士满原来是一个以造船为主的工业城市。第二次世界大战后城市逐渐衰败，情况很糟糕。现在好一些了。最大的优势，是离旧金山、伯克利、优胜美地等地方都很近，房价、租金很低，很多人把这里当中转站。”我在网上查了一下，里士满距旧金山也就一小时左右车程，不同位置的房价，居然相差一倍甚至更多。

我继续追问：“开民宿的动力主要是什么？”

“有些人指望房子收很多钱，我们不是。民宿其实挣钱不多。有点收入，可以装点房间布置、更新床单，还可以用于小的设备维修和添置，主要还是享受一种生活方式。”

我问：“怎么理解您说的挣钱不多？”

“我们定价不高，airbnb经常会发来邮件，说周边空房子有多少，最近旧金山又在搞什么重大活动，建议房价可以上浮几成甚至一倍，这样他们也能多些分成。我们不想随便提价，习惯了自己喜欢的价格。”夫人凯西补充道：“你们来，我们一晚只收六十七美元，其中两美元要给平台。有的民宿要加收清扫费，我们有机器人清扫机，就不收了。”

布莱斯说：“我们只向网络平台开放了一个房间，能有机会和客人交流就好。有特殊需要的话还有一个房间可以用，要加一点点钱（作者

注：我们多要了个房间，只加收了二十美元）。我们不着急客源。自己的房子，本来就要住的，客人来了很高兴，不来可以享受独立空间。我们有工作，有自己生活。有时周四、周五没有客人，我们就在airbnb上把自己的民宿屏蔽了，周末好出去度假。”

凯西补充说：“我们还会为一些特殊需要再打折降价。不过，冬天最冷的时候和节日家人聚会时间，我们不接客。”

布莱斯强调：“我们每年年底都会买个年历，把次年家人的生日活动、重大安排、出门旅游时间勾出来，告诉airbnb平台，这些日子不接客人。”

美国人“保险”意识很强。布莱斯说，他的客人主要是airbnb介绍来的，也有通过朋友、旅客推荐住过来的。他更倾向于airbnb平台介绍的客人，因为平台提供保险。如果朋友或旅客介绍朋友直接打电话过来住，虽然绕过了网络平台收入会高一点，但如果设备等出了问题，就要自己负责了。他说:“这是业主对风险与顾客素质要留意和权衡的一个问题。”

六、余言

欧美的民宿，毕竟远在万里之外；民宿依存的文化，又各有悠久而迥异的历史渊源。了解欧美民宿，

驻足美国加州里士满海岸，西南方就是旧金山了

不为简单模仿，有的很难借鉴，但民宿也要“睁开眼睛看世界”。中国现在一些高端民宿的建筑风格、服务理念等，已吸收了不少域外元素。除了硬件条件，在软实力方面，欧美民宿带给我们的，有以下几点可以咀嚼回味。

我们应该怎样看待民宿的作用？

民宿的功能是多样的，诸如结交朋友、展示个性、交流信息、劳而有获、丰富生活等。在这个意义上，城乡有房、装修有致、主人有趣、收费有度的业主，更容易做出步子稳、走得远的民宿。

民宿作为“挣钱机器”之路能不能走通?

把乡村民宿作为农民增收的途径之一，非常之好。但外来租客把民宿作为发财途径之一，抢喝“头口水”不论，尾随人后就未必也好了。农户或城里人用自持物业，如同布莱斯夫妇的自住房，投资压力很小，可进可退，可多可少，可迎可拒，心态就平和温良；外来投资客昂贵的租金和夸张的装潢，使得很多人压力在身，逐利心情必切。将价格拉高是柄双刃剑，低了回收期遥遥无望，高了客人用脚投票，逃之夭夭。怪就怪国内的攀高奢华之风，竟然刮到了淳朴乡村；怪就怪市场本已恶性竞争，政府补贴又没多少用在农民业主身上，过分关注投资客等于干扰他们的市场判断力，加剧了民宿业的恶性竞争。

我们民宿的成本能不能再降低点，价位再实惠点?

现在中国民宿发展的最大焦点，是过于向高端、豪华和奢侈倾斜。作为民宿多样化的一种，高端民宿可以有，但作为清一色的追求目标，整个民宿行业肯定走不远。因为那样，就和去乡村享受大自然、品味田园风的目标背道而驰了；因为那样，建设和物业的成本会给人太多的压力和紧张，本来怀揣的“情怀”，会因为月底算账、债主电话弄得荡然无存。在杭州临安“僻地寒楼”业主张雁的精品民宿里，不备牙膏、牙刷，没有一次性拖鞋，家具用了很多村里的老旧物，不用油漆，全部用木蜡油涂抹，洗脸台盆是“科勒”，但支架是老木做成……这是一种低碳、环保和降低成本的选择。在绍兴新昌“发现溪居”业主黄兆松的精品民宿里，装饰板、木床板用的是旧木料或二手货，还有旧货市场淘来的旧柜子、旧桌椅等，但地暖、空调、电扇等一应俱全，三年不到成本全部收回。如果中国的乡村民宿都多少借鉴一下这种理念，每年垃圾该得到多少倾倒、财富能得到多少增值啊！中国民宿游客的眼界、个性和独立性，这些年已成长不少。做一个文明的“真正的旅行者”，对社会风气也是一种影响。很多改动，包括适当减少服务员、增加游客自助条件、装修和设施不追求名牌等，其实不难。更关键的是，一旦降低成本，就能增加客源；一旦蔚然成风，即是移风易俗。

我们民宿在保持多样化的同时，大众路线应该怎么走？

美国的民宿价格，和其国民的平均收入之比，远不像中国的那般夸张。中国乡村民宿是伴随好山好水和田园风光，提供人们休闲、度假、放松心情的地方，不应该像现在的很多精品民宿那样，已经成了令人咋舌的高消费场所。过于低端、已经落伍的农家乐民宿，亟须转型提升，在质量提升的同时价格适当上涨，人们能够接受；准备新上马的精品民宿，需要三思而后行，可以尽量走“中档路线”，注意控制租金和节省装修费用，适当采用二手材料甚至二手设备，把民宿调控在特色突出、服务优良、价格适当的定位上，这是今后中国乡村旅游大众化的长远方向。

我们民宿的业主对本土风情的偏爱能不能再多一些？

许是个人偏好，可能因经历不同，或是因挖掘不足，目前国内高端和农家乐民宿的业主们，总体对当地乡土历史知之不多，会讲故事的不多，有效挖掘本土民俗文化的能力不强，主要还是在让顾客吃好住好上下功夫。这样做有阶段的合理性，中国的游客对吃住确实也比较“在意”。问题在于，中国社会现阶段的特征，是社会主要矛盾发生了变化，人民群众对美好生活的需求已不满足于仅仅是吃好喝好了。农家乐民宿的转型提升、高端民宿与本土风情的结合、行业协会能力的培育、政府工作着力点的调适，多项工作交织在了一起，是下一步民宿发展需要“上下”努力、共同发力的。

我们民宿的科技文化能不能多一点植入？

美国民宿的太阳能光源，环保低碳，省钱省材；灯光朝下，“天人合一”；密码盒里藏钥匙，主客方便，省力省时，科技和人性实现了完美结合。杭州临安“僻地寒楼”的女主人张雁，做了个大的沼气池，垃圾分类后将很多废物投入沼气池，既解决了农村垃圾清运不可能很及时的难题，又减少了苍蝇蚊子的滋生。张雁对我说：“开业到现在，煤气没用过，一年费用不得了；垃圾几乎零排放，没有苍蝇蚊子；我教会了另外两家民宿使用，节约不少费用，大家开心死了；用沼气液灌溉的菜特别好吃……”

我们民宿的经营者能否更好地解决自我的人文关怀问题？

日本的那位女高才生放弃专业和高薪去“养蛐蛐”，贵在实现自我超越，做了自己想做的事情。布兰达在民宿旺季的下午三点到六点不接业务电话，淡季三个月工作日不接客人，贵在平衡了投入和产出、服务和质量、工作和家庭的关系；布莱斯和凯西在网上只挂出一个房间，不受airbnb“诱导”涨价，家庭聚会和外出度假不再接客，享受客来“有朋远方”、无客“自我空间”的双重美好，是把民宿看成了调节生活、丰富人生的工具，做了自己的主人。现在一些业主把民宿单纯看成挣钱的机器，用太多的投入、太奢侈的“服务”、太大规模的建设来吸引游客和“抢占”市场，那样期望值就会畸高，心态就可能不好，做派就常常“夸张”，结果把自己变成了行情的奴隶、市场的伙计和债主的打工者，“压力山大”，家不像家，既影响生活质量，又难以行远。

我们民宿主人的素养为什么需要提高?

世上所有事情的巧拙，最后都归功或归咎于人。民宿对主人素养的要求，反映的是客人内心情感的期望。性格内向本不是错，但热情开朗更能给人宾至如归的温暖；闷声干活值得尊重，但多知多懂、兴趣广泛更容易和客人找到话题，谈笑甚欢；热情待客固然重要，但区分性格类型、不扰客人清静、不让对方反感也是一种分寸；不懂经营肯定做不好民宿，但大处着眼、不算小账、谈笑得体、善与人同，才能让客人心生快意，感觉舒服……

后　记

我从事研究工作三十多年，一个主题，断断续续用了近一年时间调研，始终不满意，心里不踏实，这还是第一次。

民宿话题虽已是个热点，但政企之间、业主彼此和各路专家，其实观点冲突很多，看法天差地别。越是这样，我越提醒自己，不要随口轻言。春江水暖鸭先知，民宿人处在一线，他们的甘苦和想法，与同行、政府、利益相关人再有分歧，都是研究分析的起点。本书大量引用了与被调研人原汁原味的对话，然后再做取舍、提炼和分析。使用这种写法，也还是第一次。

这两年来，媒体对民宿批评甚至唱衰的声音较多，这不奇怪。民宿发展虽很快，毕竟集中释放也就这几年的事。在民宿诸侯纷争、各领风骚（也是各有“风险”）的今天，“批评”容易“建设”难。调研中，看到听到一些甘苦自知的做法或经验之谈，我几乎是有闻必录，想把它们记录下来，传播开去，让以为民宿就是“管吃管住”的农户，让尚不探民宿究竟就想投资的城里人，多习得一些“前人”“高人”之鉴。这种尽量提炼些建设性观点和经验性做法的文稿，也是第一次尝试。

一般来说，人们关心民宿发展，问得多、聊得多的是经营之道。这当然重要。但民宿有点“特别”。民宿是和人打交道的，舆论说做民宿要有情怀，但业主们却很少碰这个话题；专家说文化是民宿的生命，但民宿文化究竟有哪些内容、要注意哪些问题、要具备哪些素养，似乎语焉不详；精品民宿和农家乐民宿之间，农家乐民宿彼此之间，这些年“难者不会或会者不难”“淡季不淡或淡季惨淡”的反差，很大程度上，确实又和文化素养、文化层次相关。本书没敢对民宿现状做大面积铺陈，口子较小，只选取了“民宿文化”这个话题，这更是第一次。

民宿文化这个主题，应该写得有点文采，才题文相符，才不至于看不下去。换一种写作方法，对于作者团队来说，也是第一次。

说来说去，都落脚在了“第一次”。因此书中不妥之处，肯定不少，因为是“第一次”。民宿研究是个以小见大、比较综合的话题，涉及乡村产业、乡村环境、乡村旅游、乡土文化、农民收入、农家生活、农民素养、社会心理及政府管理等多领域，我们有兴趣继续研究下去，书中不妥，有机会将在今后调试。恳请读者诸君不吝赐教，给“第一次”多些鼓励和帮助。

本书第一、二、三、四、五、八、十篇，由本人执笔并摄影（“月亮工坊”“三分书舍”“相见茶舍”民宿图片由业主提供；课题组照片由张公望、白泉、孙丽云拍摄）；第六、七篇由刘燕副教授执笔，石战杰摄影；第九篇由常敏教授执笔并摄影。感谢我的合作队友们的坚守和努力，感谢所有在调研中给予信任和帮助的被访谈者。

安蓉泉

2019年2月28日于圣何塞

图书在版编目（CIP）数据

文化民宿 / 安蓉泉等著. — 杭州：浙江工商大学出版社, 2019.10

（“钱塘江故事”丛书 / 胡坚主编）

ISBN 978-7-5178-3450-2

Ⅰ. ①文… Ⅱ. ①安… Ⅲ. ①旅馆—经营管理—研究—浙江 Ⅳ. ①F719.2

中国版本图书馆CIP数据核字(2019)第192739号

文化民宿

WENHUA MINSU

安蓉泉　等　著

出 品 人　鲍观明
策划编辑　沈　娴
责任编辑　沈　娴
封面设计　观止堂_未氓
责任校对　刘　颖
责任印制　包建辉
出版发行　浙江工商大学出版社
（杭州市教工路198号　邮政编码310012）
（E-mail：zjgsupress@163.com）
（网址：http：//www.zjgsupress.com）
电话：0571-88904980，88831806（传真）
排　　版　杭州林智广告有限公司
印　　刷　安徽新华印刷股份有限公司
开　　本　880mm×1230mm　1/32
印　　张　7.625
字　　数　182千
版 印 次　2019年10月第1版　2019年10月第1次印刷
书　　号　ISBN 978-7-5178-3450-2
定　　价　68.00元

浙江工商大学出版社营销部邮购电话　0571-88904970

上架建议：文化 | 经营管理

ISBN 978-7-5178-3450-2

9 787517 834502 >

定价：68.00元